江苏高校优势学科建设工程资助项目（PAPD）

妆表

性别身份的魔方

subculture

马中红 著

苏州大学出版社
Soochow University Press

图书在版编目(CIP)数据

耽美：性别身份的魔方 / 马中红著. —苏州：苏州大学出版社，2021.6
（新媒介与青年亚文化 / 马中红主编. 第二辑）
"十三五"国家重点图书出版规划项目　国家出版基金项目
ISBN 978-7-5672-3574-8

Ⅰ.①耽… Ⅱ.①马… Ⅲ.①青年－亚文化－研究 Ⅳ.①C913.5

中国版本图书馆 CIP 数据核字（2021）第 096220 号

耽美 性别身份的魔方

著　　者	马中红
责任编辑	刘　冉　周建兰
装帧设计	吴　钰
出版发行	苏州大学出版社
地　　址	苏州市十梓街 1 号
邮　　编	215006
电　　话	0512-67481020
网　　址	http：//www.sudapress.com
邮　　箱	sdcbs@suda.edu.cn
印　　刷	苏州市越洋印刷有限公司
开　　本	700 mm×1 000 mm　1/16　印张 16.75　字数 203 千
版　　次	2021 年 6 月第 1 版 2021 年 6 月第 1 次印刷
书　　号	ISBN 978-7-5672-3574-8
定　　价	66.00 元

版权所有　侵权必究

总 序[①]

  青年亚文化作为一种普遍而又独特的文化现象，是人类社会文化结构中必然的、不可或缺的组成部分。相对于主流文化，青年一代的文化以其青春性、多变性和挑战性的特性有别于位居社会主体地位的成人文化；而相对于基本认同主流价值的青年文化，青年亚文化则具有非主流、边缘性的"亚"文化或"次"文化特征。事实上，青年亚文化是一种世界性的青春文化现象。就其实质而言，它所反映的是成人世界与青春世界、父辈一代与子辈一代之间那种永恒的矛盾和张力关系。在不同的时空语境下，这对关系往往以不同的方式表现出来，譬如反抗、冲突、偏离、协商、另类等，但是，它所呈现的那种青春期的迷惘、矛盾、寻觅、冲动及身份认同的困扰始终是青年亚文化的历史宿命，无论社会的意识形态如何统一和强大，这类青年亚文化或多或少总会以某些方式表现出来。

  在中国现代文化史上，诸如五四运动、一二·九运动以及后来一些特殊时期的青年学生运动，都在一定程度上和从某个侧面显现了那个时代的青年亚文化征候。但就整体而言，一直到20世纪80年代之前，现代中国的青年文化更多的还是以认同和追随主流文化、成人文化的方式出现，那种典型的具有世

---

① 本序言大体保留了本人主编的"新媒介与青年亚文化"（第一辑）原序的内容，第五、六部分为新增内容。

界普遍性的青年亚文化现象并不突出。但是，伴随着改革开放和中国与世界文化的接轨，在短短40多年的时间里，中国青年亚文化发生了巨大变化，时至今日，已经成了当代中国青年文化和社会整体文化的重要组成部分。

如果说，20世纪80年代初的青年亚文化开始浮出地表，在传统的媒介语境中以各种个性化的另类形象出现和发展，并得到社会的理解和宽容，主要是得益于经济体制转轨和思想解放运动的话，那么，进入21世纪的今天，青年亚文化的发展在很大程度上有赖于以互联网为标志的信息技术革命，则是突飞猛进的媒介技术对青年日常生活的渗透和全球化的必然结果。如今，20世纪80年代形成的第一波青年亚文化族群／类型已成为追忆中的昔日辉煌，而新媒介支持下的今日青年亚文化才刚刚拉开序幕。令人震撼的是，新媒介对当今青年亚文化的影响，无论是在力度上还是在广度上，都已远远超出了媒介技术的层面，进而关涉到当代中国青年亚文化特质的变异及其走向，故而特别引人瞩目。

一

从文化赖以生存的媒介和技术环境方面看，当下以互联网为核心的新媒介对社会文化生态的全方位渗透，开始明显地推动今日中国的整体文化向开放、民主和多元的方向转变，同时整体文化的存在形态也在向"数字化生存"方向转向。新媒介不仅为传统文化类型的转型提供了广阔的空间，而且催生了一系列新的文化类型，其中青年亚文化是最为突出的景观。当各种各样的"客"，例如博客、播客、闪客、换客等轮番上场，当各种"社区""论坛"喧闹于网上，当IM（即时通信工具）、SNS（社交网络服务）、微博备受青睐，当网上购物成为风潮，当"搜索""自拍""黑客"等所有这些网络技术和文化实践成为青年亚文化习以为常的社会参与及其表达方式时,青年群体正在演绎和展示着的,是一个完全不同于以往的"虚拟现实"。可以这么说,网络媒介为中国当代各种青年亚文化的外来接受、本土生成与发展和迅速传播提供了前所未有的开放式、无边界、多媒介的物理空间和相对平等、开放的精神空间。如今,新媒介已经成为中国青年亚文化生长的肥沃良田和迅猛扩张的异度空间,成为新型青年亚文化传播的利器和青年一代寻找同道、建构文化族群和部落的文化场域。

网络媒介的全面覆盖、低廉成本及使用便捷,使中国大量青年群体的日常行为和生活方式与网络媒介牢固地绑定在一起。网络成了他们的"良师益友"和"亲密伙伴",有的甚至发展到须臾不能离开。一项由美国互联网公司 IAC(Inter Active Corp)和智威汤逊(J. Walter Thompson)广告公司合作,用双语进行的调查研究发现,与美国青年相比较,中国青年更依赖数字技术,有 80% 的中国青年认为数字化是自己生活的必要组成部分,其中 42% 的人觉得自己"上网成瘾",而美国青年中持这两种想法的分别占 68% 和 18%。与此同时,该调查还发现,网络在中国青年人的社会生活和情感世界中扮演着极为重要的角色:77% 的受访者说,他们通过网络交友;54% 的人表示他们曾经通过网络即时信息进行约会;63% 的人认为,两个人即使永不见面,也可能在网络上建立起真实的关系,而在美国青年中,相信这一点的只占 21%。这一新的媒介语境及生存方式,的确为社会转型时代的中国青年亚文化创建和发展出了一个全新的生存空间和表现舞台。中国青年亚文化在经历了"文革"时期的"地下活动"和改革开放之初的"地表活动"之后,终于被媒介技术的推手带入了"无限活动"的新阶段。当下,青年亚文化作为被互联网率先激活的文化类型,已借助新媒介全方位启动了自身的文化建设,并且成为文化与技术深度联姻的实验产品。

而从青年亚文化自身的交流系统来看,一方面,新媒介正在历史性地改写着青年亚文化与主流文化之间的关系;另一方面,新媒介为青年亚文化构成要素的技术重组和创建催生了新型的表达方式。

以伯明翰学派为代表的传统青年亚文化理论基本上是先验地预设了青年亚文化对主流文化的抵抗性和依存性。譬如,科恩对伦敦东区工人阶级子弟的研究揭示,青年亚文化对工人阶级母体文化表现出表面的拒绝或反抗,却又有内在的依存和继承。威利斯对嬉皮士青年亚文化的研究表明,青年亚文化与中产阶级文化之间始终存在一种"结构性对立关系"。克拉克依据对特迪文化的深入研究也发现,"亚文化作为一种非官方的文化形式,拼贴所产生的亚文化风格的意义就必然处于和统治阶级意识形态相对立的地位"。诸如此类的"抵抗"观和"依存"观诞生于前互联网时代,研究的是现实世界中的青年亚文化实践活动,而以此观点来观照和解读新媒介时代的青年亚文化,难免捉襟见肘,力不从心。新媒介时代的青年亚文化,往往更长于表征似乎完全属于自我化或虚拟化的感性世界,而不是公然地"抵抗"现实间存在的文化形态,更不愿意与父辈或权威文化发生正面的"冲突";它们不仅抹去了横亘在主流和非主流之间的森严界限,隔断了主体与现实之间的人文关注,有时候还经常颠倒真实与虚拟的逻辑关系,将真实虚拟化,虚拟真实化。

我们必须意识到的是,出生并成长于网络时代的青少年群体,天生就与网络、手机等新媒介结缘。他们通过新媒介接受的信息远远多于传统主流渠道,比如大众传播媒介、学校教育、父辈传承等。传统主流渠道对他们精神成长的影响或许将日趋式微。与此同时,他们通过琳琅满目的新技术和新媒介产品,如 iPad、智能手机、微博、社交网络、视频分享站点、在线游戏等,畅通地传递着自己创造的文化,在信息传播、交友、玩耍和自我表达的世界中追求自治与认同。于是,青年亚文化的实践活动最终成为一种自我宣泄、自我表现、自我满足的技术方式和文化意义。网络媒介的开放性、无中心性消解了现实世界中权威、主流、父辈等对青年加以掌控的可能性,或者说,网络媒介为青年亚文化的生成、发展提供了最为自由、宽松的逃避主流文化"压抑"的庇护所。

在青年亚文化构成要素的技术重组和创建方面,网络媒介以"数据""图像""多媒介视频"的技术特质为基础,创建了一个互动、复制、仿真和拟像的世界,一个全然不同于以往的世界。正如鲍德里亚所言称的那样,在模型、符码、符号建构的类像世界里,模型和真实之间的差别被销蚀,形象与真实之间的界限被内爆,人们从前对真实的那种体验及真实的基础也一起宣告消失。新媒介的技术特征正在将众多非自然的、非真实的事项、文化和意义成分引入赛博空间,并且运用超文本或者超媒介的技术,为青年亚文化与外部现实世界的断裂创造出了一种"自然"的表现空间,遮蔽了人与现实真实关系的呈现,促成了青年亚文化表达方式的图像化转型。如此,即使在中国这样一个传统文化与现代、后现代多元文化并存的国度里,人与其所创造出来的各种社会文化意蕴之间,也同样不再是传统媒介时代那种明晰的主客关联关系,或文化符号与现实世界的直接对应关系了,而是更多地通过图像符号的表征系统去消解原有的话语体系,用多媒介符号去解构既存的文化类型和文化理念。

在这种社会和技术语境条件下,中国当代青年亚文化便以空前活跃的姿态走上了网络空间的前台,而使传统意义上的青年亚文化类型迅速移位至后台，蜕变成了所谓前新媒介时代的过气文化遗存。如果说，新媒介、新技术果真如麦克卢汉所说的那样"构成了社会机体的集体大手术"，那么毫无疑问，青年群体是这种大手术的率先操刀者。他们张开双臂，热情扑向新媒介，并借助新媒介、新技术来创造出属于自身的新的文化样式。青年亚文化在以互联网为基础的新媒介的激发下，正在如火如荼地燃烧。

二

以互联网为主体的新媒介对青年亚文化发展的影响比此前几乎所有的媒介都要广泛、深刻和迅捷得多——这不仅影响青年亚文化的多样性和传播方式，也影响它所提供的亚文化文本的存在形式和功能模式，还有亚文化生存、生长的整个生态环境和文化语境，从而促成了青年亚文化的盛行。

首先，借助网络媒介的快速成长和迅捷普及，青年亚文化已经从相对封闭的"小众团体"走向开放的"普泛化"的整体青年社会。以计算机网络为代表的数字媒介，从开发之初就预设了兼容和平权的机制。技术的"傻瓜化"强化了"网络世界人人平等"的可操控性，而友好的计算机界面和人性化的网络空间模糊了现实社会中身份、性别、收入、学历等等所带来的多重差异，最大限度地吸纳了青少年群体的加入，激发了社会不同阶层青年群体参与文化创造的热情，从而让亚文化从传统的另类、小团体模式中突围，成为青年群体共同参与、共同分享的文化。与此同时，网络、手机等新媒介的普及及信息资费的低廉化趋势，冲破了青少年使用新媒介的经济壁垒，更提供了亚文化生产、传播和共享的"普泛化"和"即时性"的媒介工具。

这里所谓由"小众"走向"普泛",其实质就是使青年亚文化的话语权回归青年本体,尤其是将青年的媒介话语权交还给青年。长期以来,青年是被基于成人价值观和世界观建构的成人文化话语强行描述的,而不是由青年自己的语言来编码的。比如,芝加哥学派对城市底层青年亚文化的研究,伯明翰学派聚焦的工人阶级青年亚文化,以及中国20世纪80年代以来的摇滚和地下纪录片的研究等,这些青年亚文化的研究,尽管也突出了青少年边缘化的问题,但由于研究者基本上是来自中产阶级的成人学者,因此,他们难免将青少年群体传奇化,并且忽略那些真正意义上的"普通孩子",从而使青年亚文化生产和传播被不同程度地圈定在某个阶层或者某个文化小圈子之内。同时,由这些成人学者的话语出发,青年亚文化往往被贴上类似这样的流行标签:主流派、非主流派、危险人物,等等。然而,网络技术传播重构的新公共空间能够向几乎所有的青年群体,甚至向游离于亚文化圈子之外的青年人群开启,从而确立了青年亚文化的普泛化存在和传播。可以说,网络媒介青年亚文化的普泛化趋势是青年亚文化的一大进步,也是青年群体文化创造力的一次解放。这种由青年群体广泛参与的青年亚文化的意义还在于,削弱了传统媒介镜像下和主流意识形态话语中关于青年亚文化的"道德恐慌"评价和"妖魔化"的叙述,也溢出了基于意识形态对抗和阶级斗争理论而对青年亚文化的界说和肯定,它在更大的程度上是通过新媒介技术而自我界定、自我指涉,并直接呈现,从而具有更多属于青年亚文化主体的言说权利。而这一事实当然也"逼迫"着青年亚文化主体言说之外的亚文化理论的调适和修正。

其次,青年群体通过谙熟地使用新的媒介技术为自身赢得了更为广阔和自由的"书写"空间。比如,网络媒介所特有的虚拟性和匿名性,就为青年亚文化提供了表达的自由通路,而自由表达始终是青年亚文化得以生产和传播的基本前提，它可以使青年据此克服青春期的怯弱、羞涩、拘谨和不成熟忧虑，不忌惮成人家长般的管制，充分自由地表达自我。毫无疑问，是新媒介为青年亚文化插上了自由表达的翅膀。

再次，青年亚文化通过新媒介技术的多媒介、多兼容、多互动的诸种特性，突破了传统亚文化风格的表达惯例，获得了更自如的、多样化的表达方式，从而形成了独特的青年亚文化风格。在新媒介中，那些新的技术呈现和表达方式，比如，媒介由语言文字符号、声音符号和影像符号向综合的数字符号转变，使文化的表达突破了对单一媒介的依赖，实现了青年亚文化表征符号的"脱胎换骨"。传统意义上亚文化的"符号"，主要体现在出奇的衣着方式、独特的言行风格、小众的音乐类型等方面。如赫伯迪格笔下的朋克族，"额上的卷发和皮夹克、小羊皮软底男鞋和尖头皮鞋、橡胶底帆布鞋和帕卡雨衣、摩登族的平头和光头仔的步伐、紧身瘦腿和色彩鲜艳的袜子、紧身短夹克和笨重的街斗钉靴，这乱糟糟的一切物体能够既'各就各位'，又显得'不合时宜'，这多亏有了惊世骇俗的黏合剂——安全别针与塑料衣、既令人畏惧又让人着迷的绛皮带与绳索"。而当下的青年亚文化群体压根并不希冀借助这些出格的外在"行头"来表达亚文化的"风格"和意义，他们更青睐于使用网络媒介所带来的新技术手段和技术装置去表情达意，将真实的主体形象以匿名的方式掩藏在赛博空间里。他们除了通过风格化的音乐表达自我外，更多的技术和手段随着网络媒介的发展被不断开发和利用，如 Flash 动画、在线游戏、动态相册、多媒介视频软件及 MSN 和 QQ 等在线聊天工具、Twitter 和微博、搜索技术等。掌握这些技术的青年不再拘泥于某一种表达方式，而是杂糅了文字、图像、影像、声音等多媒介手段，轻松自如地参与到亚文化的生产和传播中。

最后，与上一点密切相关的是，青年亚文化的文化类型也迅疾由单一走向多元，致使基于网络新媒介技术的青年亚文化类型层出不穷，此起彼伏。当下，网络媒介上盛行的自拍文化、恶搞文化、迷文化、搜索文化、黑客文化、御宅族文化、游戏文化、同人女文化、Cosplay文化等，无不寄生于网络，活跃于网络。而掌握了新媒介技术的一代青年人甚至以网络技术为"武器"，在自我与成人世界之间筑起一道自我保护的"高墙"。这种通过技术壁垒逃避和主动隔绝主流意识形态及成人世界的文化影响，在虚拟"高墙"之内演绎别样人生的青年文化态势，只有在网络技术时代才得以成为现实。

另外，新媒介的发展也促成了青年亚文化传播方式的根本改变。其中最突出的，是由单向传播转换成多向交互式传播，由滞后性传播转换成即时性传播。除此之外，青年亚文化实践活动和文本内容的便捷上传、下载和在线生成，传播者和受众角色的合成及互为转换，虚拟空间与现实社会的互动聚合，均从物质、时间、空间、技术等多方面突破了原有的社会和技术性藩篱，在青年亚文化中间几乎实现了无障碍传播。

三

毫无疑问，上述新媒介语境下形成的青年亚文化的存在和传播方式，已经赋予青年亚文化崭新的文化实践意义。其中，最典型的莫过于青年亚文化"抵抗"精神的弱化乃至失落，以及亚文化自身多样化与娱乐化、全球化与消费主义的特质。这些导致青年亚文化步入极具后现代特征的"后亚文化"时代。

一如鲍德里亚、利奥塔、哈维等声称的那样，后现代文化的一个重要特征是资本在全球范围内更深层次上的渗透和均质化。这些过程同时也产生了更进一步的文化碎裂，时空经验的改变及经验、主体性和文化的新形式。换言之,网络媒介的无深度感、暂时性、分裂性和全球化特征,促使在其基础上生成和传播的青年亚文化不再可能抵抗任何单一的政治体系、主流阶级和成年文化,他们甚至不同程度地弱化了这一文化的某些"抵抗"的特质。因此,如果依然在反抗/抵抗的层面上去认识网络媒介下的青年亚文化,便显得方枘圆凿、扞格不通了,因为我们所处的世界早已发生"裂变",二元对立和某一主流文化始终居高临下的观念也已被多元文化观念取代。

我们看到,新媒介语境中的青年亚文化特质,在传统的"阶级"和"年龄"之外,其可变因素也呈现出空前的多元性和复杂性,诸如身体、性别、种族、民族、时尚、图像等关键词,不断进入当代青年亚文化的内核和意义场域。也就是说,新媒介催生出的青年亚文化已经不再单单囿于某种风格鲜明而固化的文化类型,相反,许多特征明显不同的青年亚文化类型共时性地陆续呈现,甚至此起彼伏,随着时间的流逝,它们不断出现、繁盛,直到消失,周而复始,生生不息。青年人也不再仅仅将自己执着地归属于某一种亚文化类型,他们经常从一种亚文化类型转向另一种亚文化类型,或者同时属于几种亚文化类型,实际上建立起法国社会学家米歇尔·马菲索里所说的"新部落",即社会群体之间的识别不再依赖阶层、性别和宗教等传统的结构因素,消费方式成为个人创造当代社交及小规模社会群体的新形式,"新部落没有我们熟悉的组织形式的硬性标准,它更多的是指一种气氛,一种意识状态,并且是通过促进外貌和'形式'的生活方式来完美呈现的"。这种新社交方式鼓励个人以不同的角色、性别、身份自由地参与多个流动的、临时的、分散的而非固定的部落,从而在部落之间动态地、灵活地定位自我。

事实上,不同阶层及不同教育、社会环境中的青年人总是分属于各种明显不同的群体,他们在观念、价值观和意识形态上都有着极大的差异性、多样性和异质性。恰如有着中国和加拿大双重血统的学者卢克指出的,在后现代时期成长的青年,"大约要经历 16 到 18 个不同的世界……这就像是在不同文本的海洋里航行一样。每一个文本都试图将你定位、出卖你、定义你"。这样的青年亚文化样本和青年亚文化族群,在网络媒介时代,不仅出现在传统的亚文化音乐生产中,也频繁出现在听觉和视觉技术中。所有这些媒介生产及其产品都渗透和塑造了青年亚文化的面貌,从而勾勒出万花筒般的青年亚文化面貌,正如默克罗比所评述的那样,"对表层的关注越来越彰显,意义被炫示为一种有意为之的表层现象"。

在这样的情境下,"抵抗"既模糊了着力的对象,也失去了明确的方向,娱乐的特性则得以放大。网络文学由"寓教于乐"转向"自娱娱人",网络视频聚焦重心由"艺术作品"转向"现场直录",网络语言由"精致合规"转向"生造逗乐",网络图像被技术率性"PS",甚至,传统、经典、权威、主流的话语、作品和表达都面临随时被颠覆和解构的命运。一代青年对待权威的方式并不是公然地抵抗和反对,而是采用拼贴、戏仿、揶揄、反讽的手段尽情调侃和讥刺,同时获取自我愉悦和狂欢。恶搞亚文化是最典型的范例,而其他在新媒介平台上活跃的文化类型,也无不充满着这种自娱自乐和无厘头的色彩。尽管这种娱乐化的过程往往不可避免地指向空洞和无意义,但是,我们必须看到,其对所谓主流、经典、权威的解构,依然凸显出文化心理的意义向度,那就是释放激情、缓解焦虑、宣泄不满、寻找自我及个体和群体身份的认同。也因此,或可以说,新媒介语境下的亚文化在弱化了"抵抗"色彩和精神的同时,将"抵抗"的意义稀释于娱乐化的表达之中。

新媒介语境下的青年亚文化除了具有弱化"抵抗"、多元发展自身文化和偏重娱乐化的特质外,还显现出向全球化与消费主义妥协的趋向。贝斯利认为,处在晚期资本主义之后的后工业化社会中,有两大特征影响青年亚文化的生长和传播,"一是被跨国公司而不是被单一国家影响和主导的消费社会,另一个是被信息技术、媒介和服务行业而不是被旧制造业赋予特征的全球化社会"。众多跨国组织,包括微软、苹果、可口可乐、时代华纳等跨国企业,世界银行、联合国等国际政府组织及绿色和平等非政府组织(NGOs)都在带动全球化进程,使诸如全球市场、商品化、消费、互联网、国际时装等日渐互相关联,甚至可能转向全球通用。与此同时,多元文化之间的差别和冲突在全球化进程中非但没有被抹平,相反,其因为交流的便利而变得愈加突出。然而,新媒介技术同时为弱势群体和个人提供了成本低廉、方便易得的传播场所,给了他们表达自己声音的极大机会。在网络新媒介世界中,谷歌、百度、MSN、QQ、Twitter、人人网、豆瓣、优酷等在全球资本、商业利益和中国经济市场化、开放化的驱动下,为持有一台电脑及上网设备或拥有一台联网手机的所有青少年人群提供了原创或传播自身文化信息的可能。同时,众多跨国企业还处心积虑地将青少年群体视为最完美的消费者,它们从市场缝隙、人口和心理特征、生活方式等全方位地对青少年加以细分,如叛逆者、"80后"、"90后"、网购族、冲浪迷、背包族等,并着眼于这些团体成员的多重文化身份、欲望需求及购买能力,有预谋地和积极地去培养他们特定的消费习惯和价值观念,从而建构起庞大的青少年消费市场。

今天的青少年更多是通过消费和市场层面而不是传统渠道,如家庭、组织、学校发现他们的身份和价值。其中,最典型的莫过于跨国公司在他们持续不断的广告运动中将消费身份和消费观念以各种炫目的手法植入青少年的认知和价值观中,从而消弭青年人在种族、阶级和性别上的区别，取而代之以时尚的风格、新的性别角色、新的认同、新的文化实践、新的家庭格局和新的社会团体等。事实上，今天的青年亚文化通过互联网络等新媒介的确能够更容易地了解外部文化，全球化的趋势也模糊了它们建立在不同国家、阶层、地域乃至性别基础上的青年亚文化特征。如果无视这一变化，我们将很难深入而准确地把握当今的青年亚文化本质。

四

新媒介技术促成的当代青年亚文化的盛行，意味着青年亚文化身份的"与时俱进"。但需要继续追问的是，新媒介语境中的青年亚文化能否真正延伸成为与主流文化交相辉映、互生互长的文化类型？新的青年亚文化能否为全社会的文化整合、文化调节与文化优化提供良性因子，从而有助于社会在追求民主、和谐中健康前行？

在某种意义上，青年亚文化似乎总是作为社会主流文化外的一种不和谐音响而被世人感知，作为一种偏离常规的乱象而令世人侧目。新媒介语境下的青年亚文化也是如此，它每每引发社会的"道德恐慌"，它往往印证着"娱乐至死"的担忧，它总是以个人主义的张狂稀释着各种集体性的凝聚力，它还可能在疏离、越轨、颠覆的行为中，破坏规范，陷入意义的虚无……所有这些，昭示着文化的断裂、社会的失序，也呼唤着文化的调整。但是，如果仅仅将所有这些作为对青年亚文化的指控，那便忽略了一个富有积极意义的观察视角，即将青年亚文化置于文化整体构成及其变迁之中加以观察。

一个显而易见的媒介文化图景是，新媒介点对点传播、传受互动乃至传受合一的特性，都可能使同质青年亚文化的呈现强度加大、加密，又使不同类型青年亚文化之间的交流、相融、再生更加便利。如此，多样化的青年亚文化不但丰富了新媒介自身的信息内容，也促使传统媒介和主流文化无法忽视网络上众多的亚文化实践及其文化符号和文化意义。事实上，网络虚拟空间的青年亚文化实践活动正在成为传统媒介跟踪、聚焦、报道的重要内容。青年亚文化已经陆续登堂入室，进入主流媒介视野，引发主流媒介关注。仅以近两年为例，人肉搜索、网络雷词、山寨春晚、贾君鹏事件、犀利哥等亚文化事件，无不是经由传统媒介介入传播后成为整个社会的文化事件的。同时，这些亚文化事件得以传播，也拓宽了传统主流媒介的传播口径，从而拓展了主流文化关于民主和宽容的理念。

不仅如此，新媒介语境下的青年亚文化实践，可能激发对主流文化的重新审视，丰富其内蕴，甚至促成新的文化整合。年轻人出于对动漫、游戏等的痴迷，自制道具和服装，扮演自己喜爱的人物。这本是一种私下的个体的娱乐活动，随着国家产业结构的调整，文化创意产业被提上议事日程，Cosplay 也因此被整合进动漫产业链中，成为重要的内容之一。可以说，新媒介为青年亚文化新的生存方式提供了可能。它们既在网络世界兴盛并影响主流媒介、主流社会、主流人群乃至主流意识形态，同时，也在与主流媒介和主流文化的协调整合中进入主流，壮大自身。更进一步而言，这实际上涉及未来文化的可能性，即青年亚文化为文化的未来发展提供最初的动力、灵感和实验。现在我们可以说，PC 的使用绝对是一种主流的技术文化，但是，许多人恐怕忘了，这一计算机文化肇始于乔布斯等人当年充满理想色彩的黑客亚文化实践。

正是在这样的意义上，自 2005 年起，我们高度而密切地关注新媒介语境下产生的一系列青年亚文化现象，并在 2008 年国家社科基金立项的基础上，对此展开全方位的理论和文化实践类型研究。丛书第一辑所收录的"迷族""恶搞""黑客""御宅""拍客""网游"及"Cosplay"仅是青年亚文化中最为活跃、影响颇大的几种类型而已,不足以代表所有的青年亚文化,但借此研究我们希望唤起主流社会和大众媒介、传播和文化研究的学者乃至全社会的高度重视,希望大家能抱着平等而非俯视、理解而非误解、尊重而非排斥的态度,与青年成为朋友,真正洞察他们之后,再因势利导,而非先入为主,树敌在先。青年是未来,谁赢得青年,谁就赢得未来。与此同时,我们也渴望这些亚文化实践的主体人群能从我们的研究中有所得益,能透过好玩、消遣、娱乐的表象,认识到自身文化实践对于自我、群体以及社会的意义和影响,从而保持源源不断的创造性和先锋性,以青年群体特有的方式,积极构建与主流文化的沟通和对话,为我们这个时代的文化创造和转型提供更多元的文化资源,为开放的文化生态贡献力量。

五

以上序言内容写于 2011 年末"新媒介与青年亚文化"(第一辑)出版的前夕。这套丛书共有七种,包括陈一著《拍客:炫目与自恋》,顾亦周著《黑客:比特世界的幽灵》,鲍鲳著《网游:狂欢与蛊惑》,易前良、王凌菲合著《御宅:二次元世界的迷狂》,曾一果著《恶搞:反叛与颠覆》,陈霖著《迷族:被神召唤的尘粒》和马中红、邱天娇合著《COSPLAY:戏剧化的青春》。此次重新收入的原序言仅对少数词汇和语句做了修改,主要考虑到丛书之间的延续性,也试图为迅疾变化和发展的亚文化现象和研究留下早期的痕迹。

丛书第一辑出版后我们便有了做第二辑的想法。选题几经讨论,最终于当年十月确定聚焦当时那些引人瞩目的新媒介青年亚文化实践,包括 iphone "越狱"、粉丝媒体、微博狂欢、网络涂鸦、字幕组、星座热及耽美同人。第二辑的写作与出版过程出乎意料地缓慢,前后花了近十年。在媒介技术和新兴科技频繁迭代、各领域快速向前奔跑、社会群体身不由己内卷的全速发展时代,十年太久了!在这期间,作者身份大多有所变化,研究方向也有所调整,但因为这套丛书的缘故,我们再次回归初心,克服诸多困难,坚持完成了写作,这令人倍感欣慰!当然,十年间,我们所从事的新媒介与青年亚文化研究并未停止。我们陆续出版了《青年亚文化研究年度报告》(2012、2013、2014、2015)四卷、《无法忽视的另一种力量》、《网络那些词儿》、《新媒介·新青年·新文化——中国青少年网络流行文化现象研究》,撰写了《移动互联网时代的亚文化研究》(未出版)等学术论著,始终保持着对新媒介与青年亚文化的观察和研究。

十年来,青年亚文化非但完成了前文所述的小众文化普泛化、网络空间文化实践日常化、自我表达媒介化、文化类型多样化等重要转型,而且在新兴数字技术的支持下,迅速蜕变成多种多样的时尚和潮流文化,使得青年亚文化的属性发生了一系列重大变化。主要体现为:

其一,青年亚文化已经不再是扰乱社会秩序的"越轨文化",不再是向主导文化发起文化"仪式抵抗"的具有鲜明特色的边缘群体的文化,而是基于互联网社会化媒体"圈子"基础所形成的各种次级文化。青年亚文化与主导文化既相异又互动,两者融合共进,促进社会总体文化不断发展。首先,主导文化为青年亚文化提供了丰厚充沛的文化支撑。中华民族博大精深的传统文化、代表人类文明和新时代进步力量的先进文化、承载社会主义核心价值观的优秀文化等都是青年亚文化生成个性化风格源源不断的"文化资源池"。任何一种青年亚文化都依附于主导文化。耽美文化、涂鸦文化等从"文化资源池"中获取人设、场景、情节、语言和其他文化符号,再生成特定亚文化的风格。其次,主导文化与青年亚文化可以相互转换。曾经的青年亚文化可以成为主导文化,譬如字幕组从译介海外动漫、影视作品到译介网络公开课的华丽转身,成为知识分享的重要渠道;同理,过去的主导文化,或许也会成为今天的亚文化,比如作为国粹的京剧退隐至小众的票友文化。再次,青年亚文化具有先行先试的精神和积极探索的优势,能源源不断地给主导文化输送鲜活的文化符号和文化创新因子。这一过程,不仅能激活主导文化,使其更有活力,更深得人心,而且,青年亚文化符号融入主导文化之中,也导致一些亚文化慢慢主流化。

其二,青年亚文化实践的"新部落族群"特征愈发鲜明,字幕组、耽美圈、"越狱"者都不再单纯地仰仗地缘、职业、班级、阶层、性别等传统社会关系建构自己的社会交往,共同旨趣、相似消费、彼此共情成为个人创造当代社区及小规模社会群体的新形式。这种新社交方式鼓励人们以不同的角色、性别、身份自由地参与多个流动的、临时的、分散的而非固定的部落,从而在部落之间动态地、灵活地定位自我。随着亚文化实践准入门槛越来越低,参与亚文化实践的群体的身份也越来越多样化,小镇青年和乡村青年大量涌入,在新浪微博、短视频平台和二次元大本营B站都有着丰富多元、良莠不齐的内容分享和文化参与,从而促成亚文化规模上的去"亚"化,泛亚文化群体日渐壮大。

其三,青年亚文化持续不断地产出大量独特的文化符号,包括语言、图片、表情包、影像,也包括带有独特亚文化基因的"梗"。这些符号的所指与能指关系随着使用场景不同而流变,其文化表征和意义仅仅用单一概念,如"仪式抵抗""身份认同"等已无法深入阐释。丛书第二辑在青年亚文化娱乐化、混杂化、技术空间化等趋势及消费与创造等框架下对微博、星座、耽美、粉丝媒体、"越狱"、字幕组等网络亚文化展开分析,不仅关注语言文字、图像、视频所生产的各类文化符号所表征的风格和意义,同时也关注青年亚文化精神"抵抗"的弱化和"风格化"特征模糊之后的意义追问。微博空间中的喧哗、狂欢、批判、创意等文化实践,在获得情绪宣泄和自我愉悦的同时,也推动公共意见表达和文化创新。网络涂鸦的身体重塑、戏谑狂欢与话语游戏,既有微弱的抗争和表达,也凸显出娱乐化特性,将"抗争"的意义稀释于狂欢化的风格表达中。

其四,青年亚文化表现出更为明显的技术化和媒介化倾向。网络和数字技术是青年亚文化"圈地自萌"和形成新的交往模式的"基础设施",是青年亚文化生产、消费和传播的媒介平台,是青年亚文化表达、展演和创造的多媒体容器,也是青年亚文化多变风格和另类美学的技术底色。媒介技术则是青年亚文化于使用、消费和分享过程中形成自身价值和意义的途径、方式与空间,既拓展也限制了网络涂鸦的媒介空间和表达呈现,为粉丝媒体的不断创新提供了技术可能性,"越狱"更是以技术为核心建构起独特文化现象。数字技术的"傻瓜化"降低了进入亚文化的难度,使全民参与成为可能;数字技术又丰富了青年亚文化的表现形式,使其更吸引人。在新媒介技术的可供性开掘中,粉丝文化主体积极地建构新的亚文化媒介空间,参与文化生产和分享;网络弹幕技术改变了网民在线交互方式,更创造了一种共同在场的观影感受;AR技术、Vocaloid系列语音合成程序等人工智能技术将进一步改变亚文化的生态系统。

其五,青年亚文化的"平台化生存"。早期亚文化群体一般通过个人网站、论坛和邮件讨论组展开交流。初步壮大后，开始转移到商业网站（特别是门户网站）免费提供的论坛空间中。此时的商业网站尚未意识到青年亚文化的经济价值。它们提供空间主要是为吸引人气和流量。当亚文化的产业价值开始凸显时，专属的商业化平台就开始涌现出来。这里既有起始于亚文化群体且依然带着浓重亚文化色彩的平台，如B站、豆瓣网等，也包括更多由互联网公司以培育、扶持、收购、兼并等方式建立的平台，如起点中文网、新浪、抖音等。迄今，有代表性的网络青年亚文化基本都栖居于头部互联网大平台中。"平台化生存"为亚文化群体带来充分的技术红利。个人网站时期服务器到期或黑客入侵、门户网站时期因甲方改版被迫迁居等问题现在基本不存在了。技术又为亚文化群体带来统一的平台文化身份建制，即在亚文化生产者们被以不同等级区别之后，他们的知名度、粉丝数量、签约出版机遇及经济待遇随之发生改变，使其更具有文化生产能力。有庞大用户积累的大数据通过数据汇聚、算法、推送使亚文化实践深陷平台商业资本的逻辑之中，最典型的莫过于今日新浪微博通过平台操控将偶像文化"饭圈化"。

其六，全球跨国资本的持续不断的介入，将时尚风格、新性别角色、新身份认同、新文化实践、新家庭格局、新社会团体等消费身份和消费观念植入人们的认知和价值观中。互联网头部公司积极征用亚文化符号，也反过来成为网络亚文化最强劲的催生者和形塑者，从而将亚文化特有的文化资本转化为日渐兴盛的互联网亚文化产业。青年亚文化不再是个体单纯休闲娱乐的方式，转而成为富有个性化的生活方式，甚至成为青年人的职业选择。青年亚文化从小群体独特的文化旨趣转变成影响社会的力量：字幕组的跨文化传播对消除文化偏见、增进多元文化主体的互信互利有着积极价值；耽美文化对克服传统性别不平等及对多元性别的包容和理解起到不可小觑的影响；网络占星成为一种"新俗信"，有助于青年群体反思和建构自我，彰显了一种生活方式。

互联网高速发展并迅速融入社会生活的方方面面，深刻改变了大众，尤其是青年的生存和生活方式。互联网作为开放的网络亚文化生产、传播、消费和再生产的平台，生产主体越来越多样、参差。青年亚文化面广量大、良莠不齐，呈现出载体不一、平台影响力大小不均、监管难易程度不同等面貌倾向。如此，导致青年亚文化在整体平稳发展时有"脱轨"现象出现，有些甚至成为引爆社会舆论的热点事件。正是这些"易爆品"加大了青年亚文化发展的不确定性和风险性，比如占星、涂鸦、微博等文化实践中的低俗化、恶搞化、色情化，"越狱"、字幕组、耽美同人创作等文化实践对版权和其他知识产权的漠视，以及亚文化的某些负面现象对未成年人的不良影响等等，影响了社会主流阶层和社会大众对亚文化的客观评价，甚至引发管理部门对青年亚文化的监管要求越来越高，也由此引发亚文化的抗争、冲突和规避。一方面，主导文化需要合理包容青年亚文化；另一方面，青年亚文化需要自我净化，力争与主导文化并行不悖、融合共进。

六

"新媒介与青年亚文化"（第一辑）在发起之初，得到先后就任苏州大学出版社、清华大学出版社总编辑的吴培华先生的高度重视。他参加了提纲讨论、书名斟酌、初稿审议的多次会议，为当时尚处于边缘状态的青年亚文化研究鼓而呼，并在丛书出版遇到各种不可预测的困难时，鼎力相助，方使丛书顺利面世。他的敏锐和果敢，令人敬佩！

丛书第一辑入选"十二五"国家重点图书出版规划、国家出版基金项目，也是国家社科基金项目"新媒介与青年亚文化研究"的阶段性成果。第一辑出版后，获得了读者好评，尤其是那些文化实践的"当事人"给予的评价尤为我们所珍惜。丛书还先后获得中华优秀出版物奖提名奖、中国大学出版社优秀图书奖（优秀学术著作）、"苏版好书"等荣誉，其中，《COSPLAY：戏剧化的青春》入选2013年《中华读书报》百佳好书，获江苏高校第九届哲学社会科学研究优秀成果奖（三等奖）。丛书第二辑同样也入选"十三五"国家重点图书出版规划，并获得国家出版基金资助，这充分说明青年亚文化之于当下社会总体文化的重要性和不可忽视性。

即将面世的第二辑包括陈霖等著《粉丝媒体：越界与展演的空间》，曾一果、颜欢合著《网络占星：时尚的巫术》，陈一、曹志伟合著《网络字幕组：公开的"偷渡"》，杜丹著《网络涂鸦：拼贴与戏谑之舞》，杜志红、史双绚合著《微博：喧哗与狂欢》，顾亦周、刘东帆合著《"越狱"：自由还是免费》及本人著《耽美：性别身份的魔方》，一共七种。第二辑的出版工作得到了苏州大学出版社原社长张建初先生和现任社长盛惠良先生、原总编沈海牧先生和现任总编陈兴昌先生的鼎力支持。感谢诸位的宽宏大量。李寿春女士是丛书的具体负责人。没有她的全力协助、不懈敦促和倾心付出，这套书很可能早就夭折了！感谢所有相关编辑和设计师成全此丛书。

自2013年起，本人在苏州大学传媒学院为新闻与传播学研究生开设"新媒介与青年亚文化"课程，每年选修学生可达三四十人。同人们在苏州大学新媒介与青年文化研究中心主办的"读书部落"中研读媒介与文化的经典学术著作，分享青年亚文化研究心得，这样的交流持续了十多年，极好地维系了我们之间的友情合作。苏州大学的青年学子积极参与读书活动、课题调研、资料收集和研究工作。与他们的交流和协作给予我们源源不断的新体验、新认知和新观点。感谢十年来选课和参与研究中心学术活动的所有师生。希望青年亚文化生生不息，我们的研究也可永续！

马中红

2021年夏于苏州独墅湖畔

目录

耽美文化的源头溯寻 /1
    藏身于概念丛中的"耽美" /3
    日本耽美文化发展小史 /9
    欧美粉丝小说中的耽美创作 /19
    耽美文化的中国之源 /23

耽美文化媒介空间的嬗变 /33
    小书店:私享的小众亚文化 /35
    BBS/个人主页/论坛:野蛮生长的分享乐园 /38
    文学网站:耽美群体的大本营 /46
    IP化:被稀释后的亚文化 /52
    多元并存的媒介空间 /55

耽美圈:一群自嗨的女孩 /57
    耽美爱好者画像 /59
    腐女:自贬与自嗨 /69

　　　　　"我们是一群自嗨的女孩" /78

　　　　　双重粉丝：粉与被粉 /83

　　　　　"他者"眼中的腐女和耽美 /89

耽美文本：世俗婚恋的复制者抑或颠覆者？ /99

　　　　　耽美文："爱"的独特表达方式 /101

　　　　　性别幻想的集体书写 /116

　　　　　"远离同志" /126

　　　　　女性的缺席与在场 /130

阈限时空：游走在现实和想象之间 /135

　　　　　作为"阈限空间"的耽美文化 /137

　　　　　耽美文化特有的语汇系统 /142

　　　　　意义重构：从"日常"到"超越日常" /150

　　　　　走向何处：分裂和内化 /158

　　　　　内化：当我们重返现实世界 /164

阶段式规范与日常化应对 /173

　　　　　耽美文化：标量化和妖魔化 /175

反色情淫秽的阶段式规范 /181
　　耽美栖居地的自净化 /188
　　共同约定：为了更好地存在 /190
　　日常化举措 /197

商业资本缔造的耽美文化奇观 /203
　　商业出版物和同人志出版 /205
　　付费阅读/收听的网络耽美小说和广播剧 /207
　　IP变现，耽美影视化在痛与乐中前行 /209
　　商业符号生产与耽美本真的剥离 /214
　　被绑架的创作：版权纷争的驱动力 /217

主要参考文献 /229

附录一　部分访谈者资料 /231

附录二　耽美大事记 /232

后记 /237

耽美，唯美而沉溺于美，泛指一切使读者得到美的感官享受的作品。作为起源于日本的亚文化现象，它搭载着互联网的快车疾驶而来，一方面因为迥异于其他网络文学的叙事风格引发诸多争议；另一方面，也以超现实唯美的叙事风格受到了一部分女性读者的认同。因耽美，以"腐女"冠名的同好圈子得以形成，甚至发展出一套专属的语言符号和一种独特的创作类型。我们对耽美文化加以溯源，可以发现它不只来自日本文化，同时还受到欧美斜线/粉丝小说的影响，我们甚至能在千年之前的中国本土窥见耽美文化的踪影。

耽美文化的源头溯寻

藏身于概念丛中的"耽美"

先有"同人"后有"耽美"是二次元①世界的共识。"同人"衍化出"同人创作""同人作品"等概念,"耽美"也延伸出了"同人耽美""原创耽美"。"同人创作"包含了"原创同人""二次创作同人"两种主要创作方式,而在题材上则包括了"一般同人"和"耽美同人"两种类型。"一般同人"种类繁多,如"科幻同人""穿越同人""架空同人"等;"耽美同人"数量居多,除了有"同人耽美"外,还有"原创耽美"。理解这些概念的内涵和外延,以及彼此之间的关系,需要追根溯源,始自词源,顾及变化,动态地加以考察。

"同人",乃志同道合者

"同人"一词来自日文"どうじん(Doujin)",意为志同道合的人,即"同好之人"(同好の士),延借至二次元领域,则指有着共同兴趣爱好的群体,谓之"同人群体"。

事实上,远在二次元"同人"借日本文化漂洋过海来到中国之前,"同人"已在古汉语中出现。文献显示,"同人"最初作为一个卦象名称出现在《易经》中,有所谓"同人于野""同人于门""同人于宗"等说法。在此,"同"指会同、合同,意为突破闭塞的世界,需要人与人之间和睦相处、志同道合。此卦的核心要义为"秉持'心如大地者明,行如绳墨者彰'的人生操守,做到心地无私,自然会与天下人相交通,天下人自

---

① 二次元是与三次元相对的概念。二次元即二维虚拟世界,包括二维世界的动画(Anime)、漫画(Comic)、游戏(Game),一点五维世界的轻小说(Light Novel)和二点五维世界的角色扮演(Cosplay)等文化。

然会与之相投合"①。蒲松龄《聊斋志异》"自序"中写道"久之,四方同人又以邮筒相寄,因而物以好聚,所积益夥",此处的"同人"已引申为"志同道合的人"。现代意义上的"同人"与19世纪末20世纪初的新文化运动密切相关。一批留日中国学生,受日本文人影响,回国后纷纷创办刊物,其中有不少刊物带有同人报刊性质。所谓"同人刊物","就是一批因信仰、志趣、文艺观相近的文人自愿结合办起来的非官方出版物,这种刊物容易形成各自的风格和特点"②。早期中国现代文学史上"同人"和"同人刊物"数量众多,如郁达夫主编的《创造月刊》、林语堂主编的《论语》、叶圣陶主编的《开明少年》等。"同人刊物"独立于官方和商业机构而存在,不依赖于某个政党、政府或商业机构。主办者自愿结合,自筹经费,共同经营,共同承担编辑任务。创刊于1915年的《新青年》(原名《青年杂志》)最初由上海群益书社投入资本并承担发行工作。1917年,随着创办人陈独秀前往北京大学就职,《新青年》便从商业刊物转型为由陈独秀、胡适、刘半农等六名北大同事轮值编辑的"同人刊物",由此开启了新文化运动,进而影响整个中国的命运。由此可见,创建"同人刊物"不是或者主要不是为了营利,而是志同道合者共同的文化实践。"同人刊物"尤为注重刊物的思想内涵和启蒙功能,传递了办刊人一致的价值理念。二次元领域中的"同人"显然传承了历史上"志同道合"的精髓,是志趣相投者的统称。

"同人创作":非商业的自由创作

"同人"以趣缘结群,既有基于某类文化的,如"漫画同

---

① 张涛,任利伟.《周易》缘文化初探[J].理论学刊,2017(3):149.
② 于继增.同人刊物《探求者》沉浮记[J].百年潮,2008(9):53.

人",也有基于某部作品的,如"瓶邪同人"。"同人"行为不只是结群,也不止于阅读小说、观看动漫、玩游戏、扮演角色,更为重要的,"同人"群体也从事创作活动,由此出现"同人创作"的概念。与一般创作相比,"同人创作"最为显著的特征是信奉自主创作,不受资本钳制,不受商业出版左右,"想创作什么,便创作什么;想如何创作,便如何创作",是一种去商业化且基于热爱而形成的创作行为。"同人创作"包括"原创同人"和"二次创作同人"两大类。

"原创同人"与普通的文化艺术的创作别无二致,创作者基于创意、构想而独立完成,用以表达自己的价值理念和审美趣味,作者对作品拥有合法版权。"同人圈"也称之为"一次同人"。"一次同人"更突出其原创特征,比如经常提及的"同人游戏",就不一定是原创的衍生之作,而是原创作品。当然,"二次同人"创作的核心在于"二次",也就是非原创,是创作者借鉴已有作品的再创作。以下两方面特别有意思,其一,创作者所借用的人物、场景、情节等的设定来自自己所酷爱的作品,大有"歌之、吟之、舞之、蹈之"方能表达对某些人物、场景和情节欢喜的意蕴;其二,"同人创作"以某部原著的人物设定、场景布局、情节走向为基调,既可以对原著不完善之处加以补充,也可以任凭自己的情感和趣味对原著加以改写,重新演绎出别样的意义,从而瓦解原著的结构、脉络和叙事。也就是说,无论是仿作、改编、引用,还是借题发挥,二次创作都是释放"热爱之至"情感的一种特殊表现形式,而被征用来进行二次创作的原著包括文字、图像、影片、音乐或其他艺术形式,被统称为"二次创作物"。二次创作一般没有合法版权。因而,当我们说"同人创作"时首先需要分辨是原创/"一次同人",还是"二次同人",其次要注意避免以下误读:其一,"同人创作"可以公开出版。从事"同人创作"的作者,

> "同人创作"最为显著的特征是信奉自主创作,不受资本钳制,不受商业出版左右。

> 无论是仿作、改编、引用,还是借题发挥,二次创作都是释放"热爱之至"情感的一种特殊表现形式。

耽美文化的源头溯寻 / 5

既可以是个人，也可以是同好们一起组成的社团。个人是自然、独立的，社团通常也没有官方背书或外部资金支持。日常聚会、印刷、参展等所需经费主要由参与者分担，社团所生产的同人文本，如同人志①、同人游戏、同人周边等大多数因为没有合法版权，不能公开出版发行以获利。"原创同人"作品虽然不涉及版权问题，但一则数量较少，二则同人作品本就不以商业营利为目标，故而以此谋利者极少。同人作品一般在同人志贩卖会、动漫节等二次元活动的特定场所被赠送或售卖，销售所得主要用于支付印刷、参会等的成本。其二，"同人创作"的作者和读者以年轻女性居多，但也不乏男性。即使如"耽美同人"这类女性向的题材，也有男性作者和读者，更遑论历史向、科幻向等类型的"同人创作"了。

简而言之，"同人创作"最重要的特征是因为热爱而形成的自发的、非商业性营利的自由创作，而不关乎性别、题材和创作模式。

"耽美"：从唯美主义到"Boy's Love"②

从二次元角度来看，"耽美"一词来自日文"たんび（tanbi）"。不过，如果引入历史文化的维度后再来看，也许我们可以获得对"耽美"一词的新认知。追溯词源，"耽美"虽然是一个外来词，但汉语言中也有类似的表达。"耽"，即沉溺、入迷的意思。《诗经》之《国风·卫风·氓》写道："于嗟女兮，无与士耽！士之耽兮，犹可说也。女之耽兮，不可说也。"其大意：年轻的姑娘们不要沉溺在与男子的情爱中。男子沉溺在爱情里，还可以脱身，而女子沉溺在爱情里，将无法

---

① 同人志是同人创作的自出版物等。
② Boy'Love，意为"男男爱恋"，简称为BL。

摆脱。"美",即美丽、美好之人与物。

"耽"与"美"组合之意便是沉迷于美好的世界,"耽美"也包含了西语 Aestheticism(唯美主义)的意思。唯美主义是19世纪后期在英国出现的一场组织松散的反社会运动,波及文学、戏剧、装饰、美术等领域,以济慈、雪莱、王尔德等为代表人物。这场运动倡导"为艺术而艺术",强调感观愉悦而非道德说教,并如痴如醉地追求超然于琐碎日常生活的那种所谓的纯粹之美,其极致是宁可过入不敷出的贫穷的波希米亚式生活,也决不放弃对绝对美的迷恋,因而被称为"唯美是求"。

由此可观,"耽美"一词中包含着汉语言"沉迷于美好世界"和西方唯美主义文化"唯美是求"的基因。事实也是如此,20世纪初,日本文坛受西方影响,出现了一股影响颇大的唯美主义思潮,被冠以"耽美主义"或"浪漫主义"之称。"耽美"即"唯美、浪漫"。日本耽美主义思潮以杂志《昴》为中心,集聚了森鸥外、上田敏、永井荷风、谷崎润一郎、久保万太郎、佐藤春夫等一大批作家,反对自然主义,提倡享乐主义,主张"美在人间"和"为美而生",表现出对传统道德的反叛和玩世不恭的倾向。[①] 20世纪60年代后,"耽美"逐渐从唯美主义思潮中剥离出来,成为日本漫画作品中一类题材的统称,即今日我们所说的 BL。日本著名"耽美"文化研究者沟口彰子将其概括为"男性之间的恋爱,也就是以 Boys 的 Love 为主轴,以女性为诉求对象"[②],描写男男爱恋的 ACG[③] 作品。BL 比较注重感情和官能的描写与呈现,叙事重点在于对主人

[①] 智量,熊玉鹏.外国现代派文学辞典[M].上海:上海文艺出版社,1999:41.

[②] 沟口彰子.BL 进化论:男子爱可以改变世界[M].黄大旺,译.台北:台北麦田出版,2016:18.

[③] ACG 即 Anime(动画)、Comic(漫画)、Game(游戏)合称的缩写。

"耽于美好"的男男之爱，其特征为坠入爱河的双方皆为男性，且必须符合"美型"、美满的双重标准。

公之间的爱情故事、情与性的纠缠的描述及对人物性格和心理活动的刻画，主角一般都是"美型"男性，于是一种充满幻想和理想主义色彩的恋爱创作模式由此诞生，即"耽于美好"的男男之爱，其特征为坠入爱河的双方皆为男性，且必须符合"美型"、美满的双重标准。至此，"耽美"一词完成了从唯美主义的别称到BL代名词的转变。

"同人"与"耽美"的交织

"耽美"经常性地与"同人"一起被二次元圈外提及并混为一谈。正如上文所辨析的那样，"同人"既指同好之群体，也指创作体裁和创作形式，与性别取向无关，而"耽美"虽有同好之意，但更指创作主题和内容的BL，而非创作体裁和创作形式。如此，我们说，"耽美"既有原创作品，也有同人作品。同人作品的外延则更大，除了耽美同人外，还有其他非耽美类的同人创作。原创耽美、耽美同人、BG[①]同人的关系如图1-1所示。

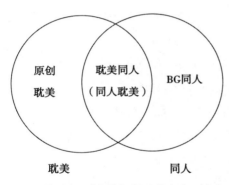

图1-1 "耽美"侧重故事主题和内容，"同人"侧重创作体裁和创作形式

"同人"和"耽美"作品的盛行都离不开日本动漫产业蓬勃发展的大环境。人气火爆、技术成熟的动漫作品为同人群体提供了源源不断的创作源泉，为同人创作创造了适宜的成长环境。虽然同人创作面广量大，但不得不承认的是，耽美创作在同人作品中的质量和数量都非常突出，因而同人创作特别容易令人想到耽美同人。事实

---

① BG，指 Boy & Girl，即言情类作品，情感主线是异性恋情的故事创作。

上，耽美同人创作的作品数量占据了 ACGN① 圈的半壁江山，即使在日本 ACGN 文化领域中，要绝对区分是"同人"还是"耽美"更早进入读者视野，也是比较难以实现的，但毫无疑问，"同人"和"耽美"的交织使两者互为借力，共同成长。

"耽美"和"同人"相互交织，很难给出比较清晰的分界线。在耽美文化发展初期，在原著人物的基础上，新的创作者重新将故事讲述成 BL 是最常见的形式，即"耽美同人"或"同人耽美"。相比之下，同人创作中性向的另外两端 BG 作品或者 GG② 作品，无论在数量还是质量上都要逊色许多。随着耽美题材的成熟发展，在耽美同人的基础上逐渐发展出了耽美原创，从而推动"耽美"成为一种独特风格化的创作类型。

日本耽美文化发展小史

对大多数人来说，日本文化除了茶道、饮食、弓道、服饰、礼仪等传统元素之外，最引人注目的则是当代日本发展的"ACGN 文化"及"宅文化"。近年来，日本动漫蜚声海内外，成为经济支柱产业，而其中建立在动漫展、同人游戏、出版和商业基础上的耽美文化的发展异常兴盛，推动了女性创作群体的出现，创造了女性消费市场。与此同时，日本耽美文化也深刻影响了东南亚国家和地区的文化构成。

日本古代的 BL 文化

日本的 BL 文化可以追溯到何时？2017 年日本东京电视台

---

① ACGN 即 Anime（动画）、Comic（漫画）、Game（游戏）、Novel（小说）的英文缩写。
② GG，指 Girl & Girl，女女感情类作品，也称"百合"。

播出的历史节目《不是吗？历史记录》介绍了许多知名历史人物鲜为人知的秘密故事，其中说到日本战国时代三杰之一的织田信长（1534—1582）。织田信长的主要功绩在于推出一系列改革制度，比如推行兵农分家，倡导自由贸易，并结束室町幕府，开拓了日本近代化之路，为部将丰田秀吉和德川家族奠定了统一全日本大业的基础。这位赫赫有名的人物，据说是一位很难伺候的上司，仅有一位"小

图 1-2　日本电视节目截图

姓"森兰丸得到其完全信任。（图 1-2）"小姓"等同于今天的"贴身秘书"。节目暗示两人非常有可能存在超越上司和下属关系的亲密情感，片尾甚至用电视再现手法演出了织田信长与森兰丸的暧昧场景，但紧接着快速地将镜头切回摄影棚。电视节目留言栏中铺天盖地的评论、跟帖声称这就是 BL。如此，节目将日本 BL 文化向前推进了近 500 年。堀五朗的《BL 新日本史》[1]可谓是一本"奇书"。在作者看来，日本的 BL 最早在官方历史文书《日本书纪》中得到大量记载。《万叶集》是日本最早的诗歌合集，大约成书于公元 8 世纪后半叶，由大伴家持（717—785）编纂完成，其重要性相当于《诗经》在中国文化思想史上的地位。堀五朗通过分析大量的优美俳句断定美男子家持风流多情，爱过同性，也为男性爱慕。比如一位名叫藤原久须麻吕的男子写给家持的诗歌是这样的："正如生长岩石背后的浓密草根一样，我全心全意地依恋着你"，"每逢春风的季节，心情就如此激动，不如现在，就让我的心一直追随着你

---

[1]　堀五朗. BL 新日本史［M］. 呼和浩特：内蒙古人民出版社，2007.

吧"。在日本文化中，草根是长物，象征着长长久久，表达长久的思念之情。

无论是神话故事，还是俳句记载，都显示在基督教传入日本之前，性禁忌较少。同性之爱在僧侣们创作的诗歌和爱情故事中大量存在，并被收录在白河天皇时代的"敕撰和歌集"《后拾遗和歌集》中。在大量书写中，既可以看到伟大僧人与低微艺人间的一见钟情，也能感怀"山王"（寺庙之主）与"稚儿"（美貌小和尚）的爱情。据说这种独特的同性恋文化来自中国唐代，先在寺院悄悄流行，后来经由皇室与寺院越来越密切的政治关系，从寺院进入朝廷，"摄关政治向院政的转化，也就是同性恋的新风潮从密教寺院（僧侣）向朝廷（皇族、公家）传播的过程"。当时受到宠爱的都是公认的美少年，他们接受骑术、武术及和歌、艺能的培养，大抵经历受宠少年—北方武士—受领（国守）—院近臣的发展过程，成为政治策略中的一枚棋子，"男色不仅仅是享乐游戏，也是政治手段的一种……在日本史的教科书中，'北方武士''受领''院近臣'这些词汇常常出现，如果不理解背后的同性恋文化，院政之类的是不可能理解的"①。男色与政治的勾连自此一发不可收拾。

镰仓时代从何时开始，1173 年或 1185 年？《BL 新日本史》从 BL 视角给了与一般史书不一样的答案，即 1184 年，其理由是这一年发生了熊谷直实讨伐平敦盛事件。据《平家物语》记载，平敦盛是平家众人之中的美少年，熊谷直实是武藏国出身的中年武士，两人兵刃相见，熊谷直实被平敦盛的美貌折服，想虽然他与自己的儿子一样的年岁，但是散发着犹如异邦人般气质。平敦盛不仅长相俊美，而且吹得一手好笛，熊谷直实对

---

① 堀五朗. BL 新日本史 [M]. 呼和浩特：内蒙古人民出版社，2007：36.

其一见钟情，但迫于镰仓大军压顶，不得不将平敦盛杀了。熊谷直实万箭穿心，看破红尘，很快就出家为僧去了。这一时期的同性恋文化，"永恒不变的关键一点是武士的主从关系建立在男色爱恋的基础上"。

不过，一直到室町初期，稚儿的形象都是被人玩弄的角色，性质的变化出现在《秋夜长物语》和《上野君消息》两本书的描述中。这两本书的主人公角色得到逆转，成为受人信奉的神佛一般的高贵之人。

以耽美的视角去考察，日本的插花艺术、茶道、俳句、能乐等审美形式中都有同性恋的影子。以日本独特的审美意识"幽玄"为例，其意极其深奥难懂，但主要指的是少年的美。"日本的艺术文化的基础就是美少年……日本的宗教、艺术、文化的本质中显然都有同志文化的影子"，这样的判断，听上去很不可思议。然而，根据堀五朗的评述，室町第三代将军足利义满篡夺王权成功的原因也与才气焕发、美貌如花的艺人世阿弥有关，"在其后不断推动着的是世阿弥美貌的力量，也是义满与世阿弥间同志的力量"。

日本历史进入战国时代后，上文提到的日本东京电视台节目中的织田信长和森兰丸不出意料地出现在《BL新日本史》中，这一时期，小姓替代稚儿成为同性恋"受"角色的代名词，"美丽的小姓既是流行又是风俗，更是能在主从间生成牢固的团结关系，结成强力的战斗集团的要因。小姓制度也是培育优秀战士的学校"。此等关系，同样超越我们的常识。日本战国时代还流行茶水和茶道文化，使用一个茶碗轮流喝茶。借用喝茶的亲近动作代替男色行为，甚至通过茶道形成的同性性爱礼仪，掌握同性恋者网络，成为暗地里操纵权力的调停者。

17世纪30年代领导岛原之乱的16岁少年天草四郎，原本就是服侍主人的小姓，与主人有着暧昧关系。对这场战乱，正史上的叙事为德川幕府镇压反体制的天主教思想，可是以BL史观看来，天主教不加掩饰地厌恶日本男子的同性恋风俗，而当时的三代将军德川家光偏偏就是一个同性恋者，叛逆者天草四郎是忠诚的基督教徒。"所以岛原之乱可以看作基督教VS日本同性恋文化的战役吧？"堀五朗虽然是以不确定的语气写下这句话，却用长篇故事描述了德川家光的多个同性爱人作为这一判断的证据。四代将军德川纲吉后宫美女如云，但也深爱美少年。与前朝前代不同的是，纲吉倡导和平安全的同性恋文化。

时光流转到江户元禄时期，原来专属于朝臣、武士门第和僧侣阶层的文化艺术开始接受庶民参与，同性间的恋情被社会普遍接受。其中最值得拿出来说道的是被誉为"日本俳圣"的松尾芭蕉。堀五朗围绕松尾芭蕉并非上流社会出身，却能成为俳圣展开讲述。松尾芭蕉13岁入宫服侍比他大两岁的新七郎家继承人藤堂良忠，二人结成众道盟约。"众道"是同性恋的代称。松尾芭蕉的角色被称为"若众"，藤堂良忠的角色则是"念者"。藤堂良忠本人是俳谐的狂热爱好者，师从俳谐名师北村季吟，他带着松尾芭蕉进出上流社会的俳谐沙龙。松尾芭蕉虽然是最下层的家仆，却接触到了最上层的文学环境，由此创造了奇迹。

总之，以BL文化的视角诠释日本史，仿佛是腐女看世界，无处不腐。堀五朗小结道：将同性爱作为核心的武士门第权威渐渐失去，江户的三大改革就是为了挽回权威，而这正意味着来自德川幕府内部的崩溃，同性爱左右历史的时代开始逝去。同性爱文化曾经深度融入日本的政治、宗教、艺术的进步性变革中，促进了日本所特有的审美意识的形成，影响了日本历史的发展。同性爱文化由僧侣、贵族、公家、武士阶层的传播逐渐向普通平民扩展，所蕴含的文化意义从僧侣神圣的礼仪、公家的政治手段、武士间崇高的盟约，延伸至平民百姓的一大娱乐。堀五朗认为明治维新以后"男人变得没有美丽可方，化妆和穿着女装当然都不行，被赋予了不声不响认真工作的工人地位。同性恋文化不再具有审美、教育和道德意义，而被认为是纯粹的享乐，沉潜入地下，作为灰色风俗一直流传"。当然应该意识到，把日本男色文化视为值得向全世界炫耀是一种极端的看法，堀五朗也不无自嘲地认为江户时代的日本人比较像是"外国人"，而再之前的日本人，差不多是"宇宙人"了。换言之，今人不能以当下的意识形态、价值观和审美观去评判历史，从前的日本人，习惯、心态、人际关系都多少存在着令人难以理解的地方，"男色"和"众道"不能与现代的同性恋情做简单的混同，也不能将 BL 与日本文化史上的同性恋情做直接的连接，毕竟它们之间在精神传统方面有着太大的差异。

"二战"后日本少女漫画盛行

日本漫画有着久远历史。公元 1100 年平安时代，日本佛教一派真言宗僧侣绘制的"鸟兽戏画"，通常被认为是日本漫画的起源，但其实它与现代漫画并无直接关系。明治维新之后，受到欧洲文化影响，新的日本漫画创作启程。1862 年，英国人查尔斯·威格曼（Charles Wirgman）学习英国的漫画杂志 *Punch*，在日本创办了第一个漫画杂志 *Japan Punch*，以漫画的形式调侃讽刺时风流俗，促使日本漫画从浮世绘形态转为分格漫画的风格。1877 年，日本出版了漫画刊物《团团珍闻》，从刊物中的"气泡对话框"和一些西方绘画技巧中依然能看到 *Punch* 风格的影响。今天我们所熟知的日本漫画则于第二次世界大战之后才逐渐发展成熟，而且得益于有着"漫画之神"美誉的手冢治虫（1928—1989）（图1-3）对日本漫画的贡献。

手冢治虫吸收日本传统艺术特色，在夸张、省略、变形的漫画要素基础上，尝试将各种能给人以深刻印象的绘画技巧运用于漫画创作中，他甚至还将变焦、广角、俯视、构图、故事结构等现代电影技法融入漫画，使漫画

图1-3　日本漫画家手冢治虫

有了电影般的动感，形成了一种清晰的有别于战前漫画的美学绘画风格（被称为现代日式漫画）。手冢治虫一生涉足了几乎所有漫画类型，包括推理漫画、少年漫画、少女漫画、传记漫画、搞笑漫画、黑暗色情漫画等，为日本漫画的类型奠定了基础。"作为日本的现代漫画之父，由手冢漫画所代表的'科学·冒险·侦探漫画'无疑构成了日本现代漫画早期的一大主流。"① 手冢治虫创办的动画公司所探索的成功模式，如低成本制作体系、将热门连载漫画改编为动画并销售周边产品等运营方式深刻影响了日本漫画的产业化，更为重要的是手冢治虫代表漫画家与社会偏见抗争、为漫画正名，将漫画是小孩子专属的传统理念转变为当时很先锋的观念：漫画是跟电影、文学同档次的文化作品，大大提升了日本漫画的社会地位。日本几乎所有早中期的漫画家都深受手冢治虫作品的启蒙，后代漫画新秀如石森章太郎、藤子不二雄、白土三平、横山光辉等人也都是在手冢治虫的影响下成长起来的。手冢治虫开创性的功绩还表现在1953年出版的漫画作品《缎带骑

---

① 杨伟. 少女漫画·女作家·日本人[M]. 银川：宁夏人民出版社，2005：3.

图1-4 手冢治虫《缎带骑士》

士》(图1-4)上。这部作品被认为是具有故事性的少女漫画的滥觞。

以少女作为主人公的漫画作品可以追溯到1928年日本漫画家北泽乐天在《时事漫画》连载的『とんだはね子』《让人意外的羽子小姐》,此后虽然也有面对少女的四格漫画,如仓金章介的《甜豆馅公主》(1949)等,但手冢治虫是真正意义上开创少女漫画类型的漫画家,一是他将独特的日式漫画风格用来讲述以少女为主人公的故事,开启了连续性故事情节的少女漫画;二是讲述了主人公女扮男装拯救世界的故事,《缎带骑士》中"那斑斓绚丽的彩印画面、国籍不明的梦幻场景、同时拥有男女两颗心灵的主人公等"①,奠定了少女漫画探讨模糊性别边界和跨性别的通用主题类型和意识形态基础;三是带动了男性作家从事少女漫画创作,比如石森章太郎、赤冢不二夫等。1955年,水野英子出现在漫坛,成为创作带故事情节的女性漫画第一人。她的漫画作品《星星的竖琴》(1960)一经出版,即风靡漫坛。不过,总体而言,这一时期的少女漫画从数量和质量上都远远不如少年漫画。

20世纪60年代后期开始,少女漫画作为独立分支获得迅速发展,小学馆、讲谈社、集英社等出版机构陆续推出了少女

---

① 杨伟. 日本少女漫画中的女性主义想象:以性别越界和少年爱作品为中心[J]. 日语学习与研究, 2016 (3): 35.

漫画专刊或者别册;一大批女性漫画家崛起,不断挑战并扩展少女漫画的尺度,"尝试了从幻想的、文学的、SF的到追寻生命意义的各种题材,甚至将性别与性这些前人一般含糊带过的东西也首次摆在了实验台上,使题材有限的少女漫画疆界得到了极大的扩展,并为后来的少女漫画家们提供了一套有章可循的基本模式"[1]。少女漫画总体上表现出女性主体对情感、家庭、性别和性的自我思考和创新实验。前者的代表漫画家如池田里代子、美内铃惠等,她们的作品《凡尔赛玫瑰》《玻璃假面》读者甚多。后者的核心漫画家是出生于昭和二十四年(1949),被统称为"昭和二十四年组"的女性漫画家。具体包括哪些人物没有定论,一般认为以萩尾望都、竹宫惠子、增山法慧三人主办的"大泉沙龙"为评判标准,将大岛弓子、青池保子、山岸凉子、木原敏江涵盖在内的漫画家视为核心,外延则拓展到树村实、冈田史子、仓多江美等人。她们便是当下我们常说的耽美漫画派系的最早创作者。代表作品如萩尾望都的《天使心》、竹宫惠子的《风与木之诗》、山岸凉子的《日出处天子》等。"昭和二十四年组"创作的漫画中,主角大多是15—18岁的美少年,故事设定基本都是"非本土非当代",充满异域风情。《风与木之诗》(1976)在杂志《少女COMIC》上连载,被公认为是最早的耽美漫画作品。

战后日本经济快速复苏,物质丰裕,然而冷战阴云一直挥之不去,人们尤其是少女们需要编织梦想以寄托青春期的思绪。当时日本文坛并不缺少少女文学,但那是成年人写给少女阅读的。而少女漫画的作者大多数是高中或大学时代的年轻女性,或者是保持着少女感觉的"超龄少女",她们以"少女视角",忠实于少女的感性体悟,如实地展示少女们内心的声音

---

[1] 杨伟.少女漫画·女作家·日本人[M].银川:宁夏人民出版社,2005:5.

和青春期特有的困惑与矛盾，因而获得了大量粉丝，推动少女漫画走向鼎盛。

日本耽美文化的迅速发展

20世纪80年代后，日本社会生活水平有了大幅度提高，人们开始追求更加丰富多彩的娱乐化享受，但耽美漫画依然保留着唯美含蓄的风格，代表作品如Clamp的命运三部曲——《圣传》《东京巴比伦》《X战记》。Clamp作品中的"BL"始终非常含蓄，作品本身并没有太多明确的情感倾诉和露骨的性描写，而是在不经意间让人发现一段段感情的存在。

几年之后的1989年，尾崎南①在集英社的少女漫画杂志『マーガレット』《玛格丽特》上开始连载《绝爱 1989》。《绝爱 1989》的两位主人公南条晃司和泉拓人被粉丝们推举为经典耽美组合之一。

日本耽美漫画发展至20世纪90年代进入高潮阶段。不同类型的耽美小说家、漫画家大量涌现，出版耽美小说的出版社和刊登漫画的杂志社不断建立，与传统唯美主义风格不同的各类耽美作品获得市场认可。同时，日本耽美漫画开始向海外传播，进入泰国、韩国、新加坡、中国台湾、中国香港等亚洲国家和地区。20世纪90年代末，在日本耽美影响下，中国大陆耽美文学和漫画进入快速发展阶段。

---

① 尾崎南：1968年2月27日出生于日本神奈川县平冢市，早期创作了很多耽美题材的同人志，有"同人志女王"称号，后来逐渐侧重创作耽美原创作品。在日本漫画界，她是以创作耽美作品著称的漫画家之一。

欧美粉丝小说中的耽美创作

尽管中国大陆耽美文化受日本耽美文化影响较深，但欧美诸国粉丝文化的推动力量同样不可小觑。与日本耽美文化主要以漫画为媒介文本不同，欧美粉丝文化主要以电视剧、流行小说为原始文本，特别是那些在全世界范围内都堪称经典的美剧、英剧，为同人粉丝创作耽美作品提供了文本基础。与此同时，欧美粉丝小说中的斜线文（Slash）与日本同人文化中的耽美同人作品十分相似，是研究国内耽美文化时一个重要参照系。

粉丝小说的起源与发展

西方语境中的粉丝小说（Fan Fiction，也译成同人小说）泛指粉丝根据原著中的人物或背景创作的故事，通常没有获得原作者或出版商授权许可。① 欧美粉丝小说的开启最早可以追溯至19世纪英国作家刘易斯·卡罗尔创作的儿童文学作品《爱丽丝梦游仙境》（1865）的出版发行。小说中虚幻荒诞的故事情节、童趣妙生的世界、美妙的文字游戏，迅速收获了阅读者的好评和追逐。那些极致喜爱此书的读者（粉丝）按照自己的喜好为爱丽丝重新设计了很多版本的梦游奇遇，可谓一百个人读出了一百个爱丽丝。这些创作开创了粉丝小说先河。同时期深受欢迎的小说作家，如简·奥斯汀、夏洛蒂·勃朗特、阿瑟·柯南·道尔的作品都拥有大量读者。粉丝根据他们的作品创作的各类小说在当时虽然没有被冠以"粉丝小说"的称谓，

---

① 杨玲. 粉丝小说和同人文：当西方与东方相遇[J]. 济宁学院学报，2009(1)：46.

但其实均可被视为欧美早期粉丝小说。根据维基百科的解释，"粉丝小说"的概念不仅远远晚于创作实践，直至1939年才在印刷物中正式出现，而且是一种贬义称谓，指无法与专业小说相提并论的业余科幻小说。

20世纪60年代，由吉恩·罗登贝瑞编剧、美国派拉蒙影视制作公司推出的科幻影视系列作品《星际迷航》面世。天马行空的想象、硬核科幻元素、新奇的世界观及乐观积极的人文主义关怀，使这系列影片获得巨大成功。科幻影片的想象力与粉丝同人小说的想象力不谋而合，促成了欧美粉丝同人小说的异常兴盛。直至今日，《星际迷航》系列依然拥有庞大的粉丝群体，据此创作的粉丝小说源源不断地涌现。非常有意思的是，《星际迷航》还衍生出一本名为 *Spockanalia* 的粉丝杂志，用胶印和油印的方式制作，再邮寄给粉丝们，或者在科幻大会上出售，收取少量费用以补贴成本。从1966年到2009年，《星际迷航》陆续制作完成了五部"星际"系列电视剧及一部动画电视剧、一部电影。这部播放时间长达几十年的系列剧培养了几代忠实的"航迷"。"航迷"并不是被动观看，他们根据主观意愿对原作内容进行重新阐释，修补或者重写他们不满意的内容。粉丝们主要采取解读、挪用和重构的策略，使故事情节和人物按照自己所喜好的方向重新创作，演绎属于自己的故事。

20世纪90年代末以后，文化艺术领域的杰出作品异常丰富，为粉丝同人小说创作提供了越来越多元化的素材。粉丝力量日益壮大，出现了诸如影视剧粉都（Fandom）、动漫粉都、音乐粉都、明星粉都等粉丝群体现象。一些影视剧粉丝开始加入以NSYNC（"超级男孩"乐队）等男孩乐队（Boy Band）为原型的斜线小说创作。尤其值得一提的是，英国作家J. K. 罗琳从1997年开始创作的《哈利·波特》系列引起了全球粉丝的热烈追捧，成为继《星球大战》、披头士之后全球最大的流行文化事件，其粉丝创作的同人作品，即"HP小说"迄今依然是最流行的同人作品之一，许多作品甚至比原著的篇幅还要长。

在互联网出现之前，粉丝小说主要是通过粉丝自己编辑、印刷的粉丝杂志在一个相对封闭的粉丝社群内流通。粉丝的同人创作类型多种多样。那时的同人圈里没有人能为粉丝的同人写作行为做出合理的全面统计。粉丝的同人出版业并不像传统的出版业那样存在高门槛，而是一直处于手工作坊式的状态，是一种高度个人化的行业。直到大型同人出版社和同人志发行方的出现，此种状况才得到改变。随着互联网技术的普及，粉丝可以随时在网络上发表、分享自己的同人作品并就其他同人作品参与交流讨论。1998年，美国加州大学洛杉矶分校的华裔学生李星（Xing Li的译音）出于对粉丝小说的喜爱创办了FanFiction.Net网站。如今这个网站已发展成全球最大的网络粉丝小说文库，汇聚了用数十种语言书写的数百万部粉丝小说。2013年5月22日，在线零售商亚马逊推出了一项新的出版服务——Kindle Worlds，允许某些授权的同人小说在Kindle商店中销售，进一步促进了同人创作的兴盛。

粉丝小说中的耽美情结

日本的同人创作在发展过程中渐渐衍生出耽美同人，欧美粉丝小说也不例外。根据同人作品中的情爱关系和创作类型，粉丝同人小说主要分为三个大类：一般小说、异性恋小说、斜线小说（Slash Fiction）。其中斜线小说，又称斜线文，指描写同性恋情的粉丝小说，与之对应的是日本同人创作中的女性向同人小说，即耽美小说。

"Slash"一词含义丰富，直接来源于英语中为两个同性人物之间画以斜线"／"或连词符"-"的写作传统，如柯克／斯波克或者 K／S。这一书写传统在同人小说中指代一个特定类型，即描述电视剧主角间同性情色关系的同人小说。柯克／斯波克，简称 K／S，是最早基于《星际迷航》系列，由粉丝创作的斜线文中的人物。数据显示，20 世纪 70 年代，超过八成的《星际迷航》斜线文创作者以女性为主，此后几年时间女性创作者的比例就达到九成以上。"柯克／斯波克"故事正是在大量女性粉丝同人创作的基础上诞生的，并由此开启了欧美耽美的模式：基于两个亲密的朋友组合，或者一个英雄"二人组"，以及男男同性情爱关系。由于 K／S 故事的影响力，一段时间里，斜线文和 K／S 可以互换使用。

　　《星际迷航》粉丝们表示自己从两位男主角柯克和斯波克的身上看出了不同于电视剧中男女之间感情的表现，于是就想要将这份不易察觉的、若隐若现的特殊情感创作出来。詹金斯在引用盖尔·费雷尔依据"柯克／斯波克"创作的《宇宙性爱》系列后，将欧美斜线文的基本情节要素概括为"从男同性社交欲望转变为直接的同性情色欲望（Homoerotic Passion），发掘出了传统男性气质的另一种可能性，将性向置于更大的社会语境之中"[①]，同时女性粉丝将自己的性欲和经验投射在电视剧男性人物的身体之上。伴随着更多强调男性角色之间友谊的电视剧的出现，斜线文开始扩展到其他故事之中，并在欧美同人创作中占据着越来越重要的地位。

---

① 亨利·詹金斯. 文本盗猎者：电视粉丝与参与式文化［M］. 郑熙青, 译. 北京：北京大学出版社, 2016：177.

耽美文化的中国之源

在追溯耽美文化的历史源头时,人们经常会把目光投向日本。的确中国古代并没有耽美文学这样一种文学类型,更没有耽美文化这样一种称谓,但耽美在20世纪90年代进入中国后影响开始扩大。这种独特的文化现象,表面上受日本耽美和欧美斜线文影响,实际上与历史文化渊源和社会文化心理史不无联系。事实上,我国历代都不乏记载和描写男男情感的文献和文学作品,只不过在现有研究文献中缺少与耽美文化存在内在文化逻辑联系的内容,但是,国内当下的耽美文学创作中,却发展出一种独特的颇受欢迎的类型——古风耽美,不只是服饰装扮、故事背景具有古风,人物、故事、情愫都借鉴、吸收了不少中国古代同类主题及风格的历史记载。

> 古风耽美,不只是服饰装扮、故事背景具有古风,人物、故事、情愫都借鉴、吸收了不少中国古代同类主题及风格的历史记载。

先秦时期:萌芽时期

中国同性之爱最早的起源可由华夏族的始皇黄帝说起。清朝《阅微草堂笔记》中记载的"杂说称娈童始黄帝……殆出依托",一方面提到了同性情欲始于黄帝的说法,另一方面又认为此说是依托古人的习惯,不足为据。这里的"娈童"便是中国古代指代男性间情感的称谓之一,"娈童专指与男人发生性行为的男童和少年,'娈'字本意形容'美好',部首为'女',即'相貌美丽的女子'。南北朝开始,娈字与童搭配,意指被达官贵人当作女性玩弄的美少年"[①]。明确记载男性间情感的文献应该是《战国策》,当中援引了《逸周书》中的"美女破

---

① 百度百科. 娈童[EB/OL].[2021-05-18].https://baike.baidu.com/item/%E5%A8%88%E7%AB%A5/1797815?fr=aladdin.

舌，美男破老"一句（《商书·伊训》，提出了"比顽童"之说，意思就是玩弄男宠，但是，后世学者有疑其为伪书者，故存疑待考）。《逸周书》中还有其他关于"男风"的记载，但大多持一种反对的态度，认为宠幸男子会损伤贤君的政治和品德。包括春秋战国的诸子，在对待当时帝王任用"外宠"时大多持批评的态度。但孔子也赞赏过为保护主人奋勇战死的一位年轻人汪锜，而汪锜就是他所保护的主人鲁国公子公为的娈童。可见，当时人们对"外宠"的批评其实大多集中在批评他们干预政治上，而对BL现象本身并没有一个明确的表态。这样的暧昧其实恰恰有可能就是先秦时期人们对待同性情感的真实态度，并且这样的暧昧在后世的同性文学作品中仍屡见不鲜。

总的来说，这个时期有关同性情感的文学作品比较模糊，对待此类感情的暧昧态度在文学作品中已初露端倪。文献记载中同性情感和政治密切相关的事迹，也带给当今耽美小说创作许多启发。

秦汉时期：凸显男性气质

司马迁《史记》首创《佞幸列传》，并开宗明义地揭示了当时一个普遍的事实："非独女以色媚，而仕宦亦有之。昔以色幸者多矣。"也就是说这种从春秋战国时期就有记载的"男宠政治"在大一统的汉朝被延续下来。和先秦相比，无论是《汉书》《后汉书》还是《史记》，都表现出了更强的文学色彩，在人物描写和细节铺陈上都更为细致讲究。例如著名的"哀帝断袖"，见于《汉书》中的《董贤传》，其中为表现汉哀帝对董贤的爱怜，写道："（董贤）常与上卧起。尝昼寝，偏藉上袖，上欲起，贤未觉，不欲动贤，乃断袖而起。其恩爱至此。"虽寥寥数语，却让两人之间非比寻常的感情跃然纸上。

值得注意的是，这时期所谓"男宠"出现了一批被史书歌颂的正面人物，如卫青、霍去病等著名将领。他们虽然同样"柔媚于上"，但远征匈奴，立下了赫赫战功，且历史上也记载他们人品谦恭，对其评价很高。也就是说，这个时期对这些"宠臣"的评价是比较客观的，主要着眼点还是在他们的人品和贡献上，并不因为他们的身份而有所贬低，显示了这个时期比较大的社会包容度。他们的出现也改变了以往对"男宠"相对女性化的描述，描述中开始凸显男性气质，而这样的描述被当代的一些耽美文学所取法。

两汉的同性文学风格简洁明快，善于白描，手法为后来的一些耽美文学所借鉴，武将和君王、佞臣和君王之间的特殊感情则成为后世耽美小说非常热衷表现的题材，一些耽美文学中主角关系的强强设定，不能不说受到了两汉同性文学的启发。

三国两晋南北朝时期：数量增多，范围扩大

相较于《史记》《汉书》，魏晋南北朝史书中有关男性间情感的记载范围更广，涉及人群众多。《宋书》记载"自咸宁、太康之后，男宠大兴，甚于女色，士大夫莫不尚之，天下皆相仿效"。即使记载有所夸张，当时"男风"流行也应该是事实。而且此时玄学兴起，儒家的礼教规范对社会的约束力下降。魏晋名士除了欣赏山水田园的自然之美外，更醉心于欣赏人的美貌与品行，使得品藻时人、评议容止成为时风。在这样的大背景下，同性文学发展步入了新阶段。

南朝宋皇室刘义庆所撰的《世说新语》是我国文学史上描绘人物非常成功的文学巨著。魏晋名士姿容行止、奇谈逸闻通过此书被保留了下来。其中的"容止第十四"主要记载评议魏晋名士的容貌及举止，中国古代两大美男子潘岳及卫玠即出于此章，"掷果潘安"和"看杀卫玠"成为形容美男的著名典故。

而且令人称奇的是，当时的多部典籍记载了各种美男子的形象，且都各具其美，如"嵇康身长七尺八寸，风姿特秀。见者叹曰：萧萧肃肃，爽朗清举"（《世说新语》）。无论是阳刚还是阴柔，俊朗还是整丽，甚至是当时傅粉涂朱、着妇人服的贵族子弟都让时人"望若神仙"。这样的审美包容度是现在不可想象的。

这一时期的同性文学除了为后世耽美文学创作提供了大量素材以外，对后世耽美文学在审美上的影响也很巨大，表现出了强烈的唯美主义倾向，许多后世的作者都希望自己塑造的人物可以达到类似这个时期人物的"风神"，而文风颓废华丽的齐梁文学也成为一些文笔绮丽的耽美作品的滥觞。

隋唐五代及宋元时期：同性文学相对较少

大唐开辟了大一统的盛世，文学的创造力和成就也空前绝后，然而唐代文学作品中很少见到描写男性间情感的内容，即便有一鳞半爪，也是借前代相关典故或人物而发挥，绝少对唐人的同性情感生活加以描绘。这一时期写男性间情感的作品有李贺的《秦宫诗并序》、白行简的《天地阴阳交欢大乐赋》、段成式的《酉阳杂俎》等。

宋代强调"文以载道"，尤其是程朱理学兴起以后，诗文的政治性和实用性大大增强，总体风格趋于严肃理性，同性文学作品也更为少见，但不乏特例，如梅尧臣的《冯子都诗》描绘了权臣霍光和冯子都的同性情事，并指出欢情易逝。

元代的戏曲杂剧成就最高，然而有关同性感情的作品仍然寥寥无几，创作者大多是把以往的同性典故运用于戏曲唱词当中插科打诨，而非直接描写同性恋情。

总之，这些时期的同性文学相对较少，虽男风不衰，但文学上的表现较少，即使有也大多是史书记载或援引前代之事，对后世耽美文学所产生的影响也较小。

明清时期：种类繁多，形式多样

明朝中后期，江南及东南沿海地区工商业发达，出现了资本主义萌芽，市民阶层也开始崛起，与此相对应的是王阳明心学的兴起。与此同时，明朝中晚期政治晦暗不明，皇帝加强中央集权却经常不问朝政，国家内忧外患。恶劣复杂的政治环境加上儒学进一步转向内省、心学带来的思想解放，都使得一些士人开始追求奢华雅致的私人生活，"纵欲主义""享乐主义"思潮在晚明士人群体中蔓延开来。晚明禁止官员狎妓却不禁优伶，帝王亦多好男风，宠幸娈童优伶。上有所好，下必从之，于是天下争相仿效。明末士人多造园林、蓄优伶，名士侯方域、何良俊、王锡爵、张岱、冒襄、祁豸佳等辈家中的伶人都相当有名，名士与家班伶人间的同性情事亦时有发生。

然而，明清两代最引人注目的同性文学还是在小说方面。一些小说格调低下，反映了当时士人空虚的精神境界和无聊的放荡举止。自《金瓶梅》始，明末的世情小说，尤其是艳情小说中充斥着男色描写，如《浪史奇观》《绣榻野史》《欢喜冤家》《别有香》《石点头》、"三言二拍"等，辑录于传奇小说集《国色天香》卷九中的《金兰四友传》，可以说是文学史上第一部专写同性爱的文言小说。崇祯以后，男色小说大兴，多角度、多层面地反映了流行于当时的男风习气。《龙阳逸史》《宜春香质》《弁而钗》三部作品开启了专门描写男性爱情小说的先河。不仅如此，这些小说还探索了在那个时代男子如何处理将来结婚成家和保持对同性爱人忠贞之间矛盾的问题。除了少数避世而居以外，大多数是同性爱和异性爱并存的看似圆满的中庸化处理，给当代耽美小说处理类似问题带来了不少启发。

虽然经历了战火的洗礼及朝代的鼎革，清代同性情爱风气仍承继了晚明的遗风，流行于社会各阶层。小说是对社会风习最直接和形象的反映。清代涉及同性恋描写的通俗小说丰富多彩，《无声戏》《十二楼》《隔帘花影》《红楼梦》《闽都别记》《野叟曝言》《何典》等不一而足，且艳情小说十之八九都有男色故事点缀。同性情爱书写在塑造人物、连缀情节诸方面起到了不可忽视的作用。《红楼梦》中对贾宝玉和伶人蒋玉菡关系的描写虽然比较隐晦，但我们仍然可以透过文字一窥究竟。

清中叶著名诗人和诗论家袁枚在作品中对男风持接受的态度。《子不语》又名《新齐谐》，是袁枚的一部文言笔记小说集。小说中颇多断袖余桃的故事，其中《兔儿神》《双花庙》两篇较为有名。袁枚在这两篇小说中为同性爱辩护并抗议了当时社会对同性爱人的迫害，由此看出他的思想相当前卫。

成书于清道光年间的《品花宝鉴》是我国文学史上第一部以优伶为主人公，反映清代乾隆至道光年间北京梨园生活的长篇小说。鲁迅在其著作《中国小说史略》中认为它开创了狭邪小说之先河，而且它是清代唯一以士、优同性情爱为主要描写内容的小说。无论从艺术手法还是从思想性来说，这部小说都达到了古代小说文学的一个高峰。

中国台湾和香港地区的耽美文化

当然，我们很难将中国古代的同性情爱文学与当代耽美文化直接画等号。事实上，中国的耽美文化起源于日本。最先受影响的不是中国大陆，而是中国台湾和香港地区。不过，在中国台湾、香港地区耽美文化中除了能看到浓重的日本漫画、小说和同人文痕迹外，我们也能捕捉到中国传统相关文化的身影，还能看出传统男色文化对当代耽美小说创作思维的影响。海峡两岸暨香港同宗同源，但文化氛围不完全相同，这使得耽美文化在中国的传播和发展呈现跨地域流动的特征。

中国台湾地区本土漫画发端于20世纪40年代的《新新》月刊。该刊每期有两页刊登漫画。20世纪60年代，受漫画管理制度的影响，台湾地区本土漫画几乎丧失了生存空间。大量盗版的低成本、低质量日本漫画占据了市场。20世纪80年代，台湾地区漫画审查制度取消，但市场依然为日本漫画所占领。1988年，台湾地区大然出版社从其盗版日本漫画《圣斗士》的第25期起，为加快出版速度，降低出版成本，放入了"星矢小剧场"的"番外篇"，也就是日本漫画在台湾地区的同人创作。"同人志"一词由此出现，这不但让台湾地区读者大开眼界，更开启了年轻一代对漫画与同人志的认知。① 1989年，台湾地区东立出版社出版漫画杂志《少年快报》，盗印大量日本漫画，对台湾地区本土漫画再次造成冲击，为20世纪90年代的漫画粉丝文化的形成打下了重要基础。1990年，台湾地区本土漫画兴起，氛围良好：媒体出现了动漫爱好者的新闻专题报道，大学校园漫画同人社团相继成立，东立出版社《龙少年》《星少女》杂志出版，台湾地区本土漫画家崛起，等等。不过好景不长，20世纪90年代中期台湾地区原创漫画衰落。与此不同，以台湾地区动漫社团为基础发展起来的同人漫画创作却逐渐兴盛。

比较有意思的是，台湾地区的耽美文化发展与言情小说的市场繁荣相关。最初台湾地区的言情小说主要翻译欧美浪漫主义小说和香港言情小说。1988年林晓筠的《缘尽情未了》出版，成为台湾地区本土第一本言情小说。20世纪90年代初，台湾言情小说群雄崛起，至90年代后期，迅速分化出两股风潮，即情色小说与耽美小说。情色小说以描绘男女主角的性爱

---

① 林依俐. 同人志与商业志的分界[J]. Frontier，2002，2(9)：76-79.

场景和性行为过程为主要内容。耽美小说则透过对性行为的描写探讨女性内心深处的情感。台湾耽美小说公认始于左晴雯的《断袖问情》（1995）。彭于轩的《危情郁金香》（1997）开启台湾地区本土耽美小说风潮。2000年之后，台湾地区出现了大批BL小说作者。

台湾地区耽美文化的快速发展与日本文化直接影响、同人志社团繁荣密切关联。一方面是台湾耽美小说，如绪慈、凌豹姿等台湾本土耽美作家的作品通过正式或非正式、线下或线上渠道向大陆传播；另一方面是大陆耽美作者向台湾出版社投稿。2007年10月，耕林出版社出版"迷小说"系列，主打中国大陆当红已久的穿越言情小说；2009年10月，希代出版社以"原创爱"系列专门出版大陆原创文学网站点击率高的言情小说，包括起点中文网站柳依华的《平凡的清穿日子》、红袖添香网站茹若的《云画扇·红泪未央》；同年，禾马文化出版社以"众小说"系列出版起点中文网站"新人王"柳如烟的《宫斗：青蔷天》、晋江原创网首页官推榜首作家蓝紫青灰的《爱是至奢华的一件事》等。台湾地区以BL小说为主打的出版社逐渐被中国大陆作者"攻陷"，风弄、易人北等人的耽美小说均在台湾地区正式出版，从而将自己的读者群扩展到台湾地区。台湾地区的耽美群体也会访问大陆的耽美论坛，如晋江文学论坛等，参与讨论和交流。

与台湾地区耽美文化的兴盛不同，香港地区耽美文化发展比较薄弱，仅仅作为青少年ACGN文化的一个分支存在，缺乏独立的社群交流平台。香港目前尚未出现有影响力的耽美作者，耽美书刊的出版和租赁也较为少见，导致香港地区的耽美爱好者们经常在中国内地耽美网站活动。另外，由于文化上的亲缘关系和华文教育的普及，新加坡、马来西亚、越南等东南亚国家中也有一些阅读中国大陆原创耽美小说的群体，这些人会在中国大陆耽美论坛留下活动的痕迹。在晋江作者冰魅的专栏下,曾经有一位越南的耽美粉丝留言,恳请冰魅授权其将一篇小说翻译成越南语。相信这样的情况不是个案。

梳理耽美文化发展的中外古今源头,不难看到,中国大陆的耽美文化不只深受日本动漫文化熏陶滋养,而且也受到西方现代唯美主义和当代粉丝小说／斜杠小说的浸染,这些都是外来影响;耽美文化也与中国自古以来的同性爱文化有着千丝万缕的联系,在当下流行的耽美古风文中,无论题材、情节还是言辞都能窥见传统文化的身影。同时,中国大陆、台湾和香港地区的耽美文化在互联网语境中互为流动,异中有同,同中有异,一起描绘出了中国耽美文化的现实形态。

耽美文化的发展离不开媒介技术的支持。媒介技术的发展影响耽美社群文化实践的方式甚至文本内容。早期国内耽美漫画藏身于学校周边小书店最深处的书架中。随着互联网技术的普及和发展，耽美文化步履不稳地走过BBS／论坛、个人网站、文学网站、IP化时代，直至今日处于多元媒介并存的状况之中，同时在此起彼伏的争议中，逐渐由小众亚文化向大众流行文化的"出圈"过渡。

耽美文化媒介空间的嬗变

小书店：私享的小众亚文化

　　耽美文化孕育于 20 世纪 70 年代日本的漫画文化之中，可以说漫画是耽美文化最初也是最经典的表现形式。20 世纪 90 年代初期，日本耽美漫画开始流入中国大陆。由于耽美漫画内容的特殊性，很难从正规渠道获取正式出版物，但耽美漫画在日本及中国港台所取得的巨大商业利润，又使得这块市场充满了诱惑力。由此，私下流传的作品成了日本耽美文化在中国大陆传播的最初方式。此时，家庭电脑刚刚在中国大陆出现，互联网使用仍停留在拨号上网阶段，受网速慢和使用成本高昂的双重限制，当时网上出现的内容主要还是聊天文字，图片和影像传播还没有兴盛起来。① 因此，国内最早一批接触耽美作品的读者鲜少通过网络途径阅读，小书店私卖的盗版纸质读物是最主要的媒介载体。

　　现在能发现的资料显示，国内最早于 1991 年左右流入的日本耽美漫画是竹宫惠子的《风与木之诗》，后续 Clamp② 的作品也陆续流入市场。这一时期的耽美漫画内容在情感的表达方面大多比较含蓄内敛，尤以 Clamp 出品的命运三部曲《圣传》《东京巴比伦》《X 战记》为代表。《圣传》是一部以阿修罗的心愿——希望自己的孩子顺利出生为缘起，逐渐揭开天界各种爱恨情仇面纱的宏大战争题材的漫画，带有强烈的个人主义色彩。画面落樱飘飘、羽毛飞舞、玻璃破碎、齿轮旋转，精致唯美的画风和复杂纠结的人物关系，令漫画迷沉迷。《东京

---

　　① 第一次中国互联网络发展状况调查统计报告[EB/OL].(1997-12-01)[2020-03-15].http://www.cnnic.net.cn/hlwfzyj/hlwxzbg/hlwtjbg/201206/t20120612_26721.htm.
　　② 日本著名的女性漫画工作室。

巴比伦》借灵幻故事为情节线索，讲述了美少年阴阳师皇昂流与星史郎之间的爱恨情仇。皇昂流是皇家第十三代掌门人，星史郎是暗杀集团"樱冢护"首领，两人相约长大后如果不能在一年内相爱，星史郎将杀死皇昂流，由此展开了一场轰轰烈烈的美少年之恋。最终，星史郎背叛，皇昂流虽然保住了性命，却要承受无尽无止的伤痛。Clamp的画风一贯以华丽著称，爱得华丽，死得华丽，唯美悱恻，由此俘获了无数粉丝。《X战记》漫画版没有最终完成，主人公神威表面上是一位高中生，却手握决定地球上人类存亡的权力。十五岁的少年神威回到东京，与青梅竹马的桃生小鸟和小鸟兄长封真相遇，就此展开故事情节。为了拯救地球和人类，神威选择与"天之龙"合作，却同时失去最珍爱的好友封真。《圣传》中阿修罗王和帝释天两人的感情纠葛，在正传中并没有明确交代，只在番外篇中以隐晦的画面淡淡带过；星史郎和皇昂流之间的爱情故事在漫画版中表现得也极其含蓄。

图 2-1 《绝爱 1989》漫画作者尾崎南

1994年前后，《绝爱 1989》传入中国大陆，其细节描写突破了以往"清水文"模式的含蓄内敛，变得过于大胆和狂放。作者尾崎南（图 2-1）1968年出生于日本神奈川县平冢市，是日本第四代少女漫画家的代表，以同人志漫画出道，1989年加入集英社，正式发表《绝爱 1989》，受到少女漫画迷们的热捧。1991年推出的续篇 BRONZE，同样引人瞩目。尾崎南的漫画创作以瑰丽美艳的画风、强调绝对独占爱欲的爱情唯我主义著称，《绝爱 1989》就毫不掩饰地展现了主人公南条晃司对泉拓人的直白狂热。如南条晃司当着泉拓人的女友之面这样表白:"如果是我,无论他是男人或女人,猫狗也好,植物也好,机器也好,我都一定会把他找出来,然后绝对会……爱上他。我爱他到这种程度,求求你不要把他从我身边抢走。"这类激烈极端的表白让读者在惊诧之余,又深陷其中无法自拔。

与《绝爱 1989》同期的还有许多不同风格的耽美漫画作品,如叶芝真己《美男子的亲密爱人》、阿部美幸《微热纯爱少年》《微忧青春日记》等。主角大多是高中生或白领,故事比较纯情、温馨、唯美,而这种风格一直延续至今,对中国大陆原创耽美文化的影响颇为深远。1997 年前后,除耽美漫画外,耽美小说开始进入中国大陆。由于《绝爱 1989》在受众群体中影响太大,最初流入的耽美小说有许多被标注为"尾崎南的作品"。其实,许多耽美小说的原作者本身就非常有名,如《间之楔》的吉原理惠子、《富士见二丁目交响乐团》的秋月等。当然,这一时期的耽美作品都是通过非正式渠道流入中国大陆的,它们让日本风行的耽美文化以一种极其小众的文化样态进入中国大陆,并且在学校附近的小书店隐秘地存在。

通过网友留言和采访对象的反馈,我们可以发现早期耽美爱好者大多数是无意中偶然发现这种特殊的文化类型的,通过阅读,打开一个新世界,再主动寻找相关读物。同时,也不难发现,耽美读物大多数隐藏在租书店、小书店这类私人的或小型的阅读场所中,而非新华书店、公共图书馆等大型的、公开正规的阅读空间中,因此,无论是出版渠道,还是阅读场所,都为中国大陆早期耽美铭刻上了比较"隐蔽"的身份。以租书店为例,中国大陆的租书店始自 20 世纪 80 年代,因为读者有旺盛的阅读需求,卖家有赢利的空间,租书店在城市和乡镇的大街小巷傍着中小学或人口密集的居住场所迅速发展起来。租书店店面多半狭小昏暗，有一些小矮凳供客人借书之后坐阅。当时的租书店内书柜林立，一般而言，教材和教辅放在进门比较惹人注目的地方，而漫画、武侠小说与言情小说往往放在不太引人注意的犄角旮旯里。尤其是，小说漫画的最外层都会再用厚纸板装订，加强书籍的强韧性（当年的装订品质较差），以免书籍因为反复阅读而破损。租书的方式，通常是在店堂内直接付费后借阅，外借则需要押个人证件或交付押金。借书时的登记工作则完全是人工操作，没有电脑可用。租金大约是每天0.1元至1元不等。

通常而言，日本漫画是这类租书店能提供的最主要的课外读物，耽美作品往往被裹挟在其间，这就出现了早期耽美读者往往"不经意"接触的情况。当然，耽美读物隐秘却旺盛的阅读需求，反过来诱惑租书店老板加大类似题材作品的进购，从而形成了私下流传—租书店—阅读—"入坑"的闭环式链条。耽美读物就在学校老师和家长的眼皮底下私下传播。毫无疑问，这一时期的耽美和耽美同人爱好者基本上是作为个体而存在的，彼此之间除了互通信息或交换读物外，没有共同的阅读和交流活动，也很少作为一个族群被圈外人知晓，更谈不上形成一种群体共享的亚文化。

BBS/个人主页/论坛：野蛮生长的分享乐园

20世纪90年代末，中国大陆地区开始进入网络快速发展和电脑普及应用期。随着中国互联网事业的发展，耽美同人爱好者终于得以走出租书店这种私密的、分散的小空间，通过网络聚集个体并形成社群，活跃在互联网这个广阔、开放、自由的平台上。

"在互联网上，没有人知道你是一条狗"，彼得·施泰纳创作的这则漫画（图2-2）幽默形象地反映了早期互联网空间的匿名性特征。所谓匿名性，即主体身份隐匿或不可识别。在互联网上，与个人身份相关的现实因素都被淡化甚至遮蔽，个体用一个网名就能够在网络江湖中自由"行走"。社会心理学的研究揭示，匿名将导致个体降低社会责任感和自我控制能力。隐匿程度越深，个体责任感与自控力就会越弱，人们

图2-2 彼得·施泰纳的漫画

的行为就会越发呈现出脱离现实中的伦理道德、价值体系及社会规范控制的趋势。早期互联网的匿名性为耽美文化在中国大陆的生根、发展提供了机会。由于文本对情爱的描写远远超越了现实社会可以接受的程度，因此，对于耽美群体来说，隐匿真实身份几乎是参与耽美文化创作或阅读的基本前提。受访的耽美爱好者异口同声认为，自己在小书店偶尔发现耽美漫画作品后，只会自己偷偷阅读，或限于与最好的闺蜜私底下分享，绝对不会公开表达自己对耽美漫画的爱好。耽美同好，也只有在隐姓埋名的网络空间中才能彼此连接，表达喜好，而无须担忧在现实中可能承受的异样目光。

中国大陆耽美文化的发展得益于互联网媒介，从早期的动漫网站、私人空间、BBS到当下的社交媒体，可以说，每一种新的网络技术和媒介出现对耽美文化都是一种迭代更新的促进和提升。

BBS（Bulletin Board System，英文缩写BBS）即"电子公告板"，或称"网络论坛"，是早期互联网上的一种电子信息服

务系统。它提供一块电子公共白板,每个用户都可以在上面书写,发布信息或提出看法。BBS交互性强,内容丰富及时,是网民之间交流互动最为重要的场所。论坛与BBS功能相仿,区别在于论坛通过web网页登录,BBS则能通过telnet连接网站。在此,我们统一称之为论坛。事实上,中国大陆耽美文化的网络传播就是从这些论坛开始的。它们逐渐成为耽美同人爱好者最大的集散地和避风港。

国内的耽美同人爱好者在网络论坛中寻找同好。当时群体中的一些狂热爱好者已经不满足于仅仅阅读和观看那些来路不明的、印刷质量又极其粗糙的日本耽美动漫和小说了。她们开始尝试创作耽美同人小说和漫画,并在BBS中发布、分享。当时,除了"星期五论坛""耽美季节哈虎社区""唯美主义""腐化地带"等专门为耽美同人开设的网络论坛外,还有一些大型网站开辟耽美主题的分论坛,如"晋江""西陆"等,都拥有众多的成员和较大的影响力。

"唯美主义"和"SD学院"[①]是中国大陆初代耽美聚集的地方,也是最早的耽美论坛,附属于综合性动漫网站桑桑学院(图2-3)。桑桑学院原网址为http∥sun-sun.yeah.net,现在已经无法打开。有网友回忆称,该网站大致建于1998年5月,在20世纪末曾一度是很有名的动漫网站,有许多原创动漫作品和最新的动漫消息。网友们称站长为"桑桑大人"。1998年,中国互联网才刚刚起步,用户需要拨号上网,且中文网页内容、数量不多,因此,像桑桑学院这样的网站当初的确是十分新奇另类的网络景观,吸引了许多动漫爱好者,也云集了众多早期耽美文化的参与者。在关于桑桑学院回忆的网友留

像桑桑学院这样的网站当初的确是十分新奇另类的网络景观,吸引了许多动漫爱好者,也云集了众多早期耽美文化的参与者。

---

① SD学院,以《灌篮高手》这部作品为主题的专题论坛,在此论坛上可以进行同人创作和同好交流。

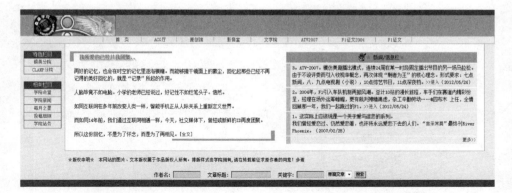

图 2-3　桑桑学院网页截图

言中,能看出这个网站及耽美文化在她们青葱岁月里留下的深刻烙印。有网友称桑桑学院是自己耽美文化的"一切的起点"。"我真正的耽美启蒙就是从那里开始的。""当年也是疯狂迷恋桑桑啊,那里基本上是我的同人女之路的起源了吧!"当然,耽美爱好者在缅怀逝去的桑桑学院时也是在追忆自己美好快乐的青春年华:"不会忘记的,看到这个帖子偶(我)都快哭了……别笑偶(我)幼稚哦。以前真的是很喜欢那个地方的,还有樱之清思,也是怎么都会记得的。想到那个为了一篇同人对着屏幕就开始哭的小傻瓜,就会觉得,过去的日子实在是在飞一样。""我的青春最激情的一段是在那里度过的,很多美好的事情、开心的事情都是和那些有关……"①据研究资料显示,"唯美主义"和"SD学院"两个论坛的功能略有差异,前者主要是日本耽美漫画和小说的讨论区,供同好们发帖交流,后者由《灌篮高手》《幽游白书》等大热后从"唯美主义"分离出去成为独立板块,发布耽美同人作品。目前可考的中国大陆最

---

① 天涯社区"还记得桑桑学院这个网站的人进来报一下到吧"[EB/OL].(2005-10-23)[2020-08-25].http://bbs.tianya.cn/post-funinfo-102759-1.shtml.

早的耽美小说都来自这两个论坛。① 国内耽美小说开山之作《世纪末，最后的流星雨》（简称《流星雨》）就是网站创始人桑桑创作的《灌篮高手》同人作品，于1999年在"SD学院"首发，对国内耽美同人创作影响深远。《灌篮高手》漫画作品由日本漫画家井上雄彦创作于1990—1996年，单行本31卷，连续6年在集英社《周刊少年 JUMP》连载；其中1—22卷被拍成动画作品，于1993年开始播出，全101集。同年，中国电视公司获得播映权，在中国大陆电视台公开播出，此后一再重播。青春热血的运动题材，两位主人公流川枫和樱木俊美帅气的外表形象、精湛的篮球技艺迷倒了无数青少年观众。迷到极致她们便开展同人创作，《流星雨》就是最初的尝试。桑桑跳过《灌篮高手》最重要的却无关感情的热血篮球，把两位男主人公重新设计成爱而不能坦白的关系，由此带来的郁闷无奈和痛并快乐的复杂情绪，对于读者来说，很"虐心"，再加上文辞清丽优美，情节跌宕起伏，收获无数女性粉丝。《流星雨》也由此成为今天我们讨论耽美文化时无法绕过去的一部耽美同人作品，被圈内公认为是"定下了同人文唯美又纯情的发展基调"②。据网友不完全统计，仅在1998年到2001年这三年间，"SD学院"中就出现了60多名《灌篮高手》的耽美同人创作者。她们围绕《灌篮高手》创作了大量同人作品，如《红白蓝》《十字》《幸福是怎样寻来的》等。早期耽美同人的盛况由此可见一斑，但当时原创耽美比较少，同人耽美受日本动漫影响的烙印非常清晰。

桑桑学院作为国内耽美初创期最重要的媒介空间，随着它

---

① 张敏. 中国大陆耽美小说本土化历程研究 [D]. 山东：中国海洋大学，2015.

② 李娜. 网络时代耽美文学及女性意识 [D]. 北京：北京大学，2009.

在免费论坛不断迁徙,再加上耽美文化新的媒介空间层出不穷,聚集在"唯美主义"和"SD学院"的耽美爱好者慢慢走散,桑桑学院繁荣不再。

露西弗俱乐部(图2-4)建立于1999年年底,名称取自堕落天使Lucifer,蕴含了叛逆、进取、创新的寓意,是国内大型女性向原创耽美站点。其网站上设置有六个子栏:《首页》《排行》《文库》《相谈室》《论坛》《微博》。其中《文库》下设《原创》《同人》《翻译》三个子栏。露西弗的网页上标示"女性向原创综合网站",还如同初创时那样采用严格的会员制度,注册加入时需要回答15个与耽美文化相关的专业问题,合格后再通过邮箱激活。这种适度地筛选会员模式帮助网站吸引和留住了一批国内耽美原创及同人作者,如风弄、Fatty、APPLE、清静、月幽、Bei等,但随着其他耽美文学网站的崛起,准入门槛在一定程度上阻碍了其自身的发展。

图2-4 露西弗俱乐部网页截图

个人主页在国内起始于 1997 年之后,当时雅虎、网易等综合性网站首开为个人提供免费主页的服务。1998 年风靡中国大陆的网络小说《第一次亲密接触》首刊于蔡智恒的个人主页上。这让耽美爱好者发现了"新大陆",她们敲打键盘将盗版的纸质耽美小说转成电子版放到个人主页,或者将 BBS 及其他地方的耽美作品搬运到个人主页。当不满足于做打字员和搬运工时,少数人开始在个人主页中创作耽美作品。

> 当不满足于做打字员和搬运工时,少数人开始在个人主页中创作耽美作品。

玻璃乌托邦(Glass Utopia)成立于 2000 年 3 月 18 日,是一个以免费个人主页为基础的非营利性"个人网站",下设《间之楔》和《绝爱》专栏,是几位《绝爱》《间之楔》《炎之蜃气楼》爱好者主办的个人女性向耽美网站。"玻璃"拼音首字母与 BL 同形,而"乌托邦(Utopia)"来自托马斯·莫尔虚构小说《关于最完美的国家制度和乌托邦新岛的既有益又有趣的金书》(1516)中根据希腊文生造出的词。ou 的希腊文原义有"无"的意思,topos 则有位置、地方、空间的含义,两者合起来表示:不存在的、美好的地方。

玻璃乌托邦网站的结构分为两大块,一是 BBS、聊天室,二是文章列表和文章。由于个人网站多为友情赞助,空间有限,且内容不易分层排列,界面显得凌乱,使得初入网站之人会感到迷茫、不知所往,"乌托邦城内那些错综复杂的密室暗道,能否打开则全靠缘分和运气"。新浪博主"清明 HAYASHI"曾在自己的博文《玻璃乌托邦》[1]中表达回忆之情时写道:"我还记得那网站不负玻璃之名,装饰得玲珑剔透,像夜晚的缀满琉璃的少女的卧房。"同时,她描述了"地下室"的情境:

---

[1] 清明 HAYASHI. 玻璃乌托邦[EB/OL]. (2012-01-26)[2020-03-18]. http://blog.sina.com.cn/s/blog_69bc00ad0101cvyh.html.

那年头不像现在有那么成熟的论坛,一个网站差不多就是几个主人在做,我们作为客人坐着观赏。那网站还有一个"地下室",我记得入口在月亮的图案上。那时候不像现在人人都那么擅长操作电脑,不知道 Tab 键的用途的人还很多。不过我是靠着提示句猜的入口,因为那时候我也不懂什么 Tab。

这非常真实地记录了当时网站设计的风格和使用者的感受。

玻璃乌托邦(图 2-5)的独特之处还在于创建者和同好们并不欣赏所有类型的耽美,她们独独钟爱以生死相许的"绝爱"。在一篇名为《曾经沧海仍为水——谨献给乌托邦一周年庆和朋友们》的文章里,

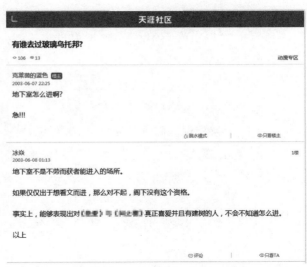

图 2-5 天涯论坛有关玻璃乌托邦"地下室"讨论的截图

网站创始人 Insane 叙述了创建动机。当时大学刚刚毕业的 Insane 在网上遇到了 BD,又因为动漫结识了 Satan。当她们看到有人攻击《绝爱 1989》和其作者时,最开始希望晓之于理,无果之后,决定为真正喜欢《绝爱 1989》的女孩子们做一个网站,这样如果有人胆敢来侮辱自己、作品和作者时,就可以抱团回击。这样就有了玻璃乌托邦。不过,网站创建后,

很快就有持反对意见的网民侵袭网站，下流话、色情图片与文字脏水纷至沓来，这是"乌托邦"创建者们没有料想到的情况。一个接触动漫达七八年之久的网友说："那个玻璃乌托邦算是一个比较有名的个人漫画网站呢，不过它有很重的 BL 倾向，所以我没有去过……（一想起来就起鸡皮疙瘩……）"①普通网民这样的看法反映了当时耽美媒介空间要面对的社会情状。

玻璃乌托邦等个人网站的兴盛，推动了国内网络文学创作的快速发展，耽美文学也趁势而起，旋即矛盾也随之产生。一方面，当时搜索引擎的功能还极其弱小，个人主页散布在网络的汪洋大海中，创作者找不到阅读者，阅读者也找不到需要的耽美作品。以个人主页为基础的个人网站这种媒介形态显然已经阻碍了耽美小说的继续发展。另一方面，随着各大网站圈地运动结束，网络"免费午餐"渐渐停止服务，存放内容的网络空间时常出现故障，或不能上传文件，或无法显示网页，容量还有诸多限制。好在，中国互联网形态一日千里，新的媒介随着技术创新不断涌现。

文学网站：耽美群体的大本营

耽美文化不再满足于寄身动漫网站，个人主页、文化网站耽美专栏、综合性网站的耽美论坛等媒介空间也无法承载耽美爱好者获取信息、阅读作品及分享自己创作的耽美作品的需求，因而在个人主页、校园 BBS 文学版、耽美论坛等媒介形态的基础上，专门性的耽美文学网站应运而生。

---

① Titichen:《走近玻璃乌托邦》，原帖地址 http://blog.sina.com.cn/s/blog_4ed676200102w0af.html，现已失链。文章写于 2001 年 5 月 31 日，修订于 2004 年 4 月 21 日。

"2001年，几乎是在一夜之间，很多BBS将加强网络管理的通知挂在了首页上。随后，大量网页运营商，包括一些提供盗版小说和正版书库的运营商，因为风险投资的撤离而宣告破产。"[1] 随着国家对网络空间尤其是BBS管理力度的加强，网络免费服务越来越难申请，BBS开始式微。此外，耽美站点管理人员大多数是在校学生，缺少资金和管理经验，未能实现对论坛的正规化运营，因而在外部条件变化的情况下这些站点大多维持困难，不得不关停。

由于大量小型站点的关停，原本分散于网络各处的耽美同人爱好者不得不聚集到尚在运转的论坛中，这在客观上为能容纳更多资源的大型耽美小说网站的崛起创造了条件。紧接着，中国网络文学蓬勃发展，综合性专业文学网站纷纷出现，付费阅读模式诞生并逐渐成熟，网络文学作品由无偿分享转变成付费阅读，从而彻底改写了网络文学的方向，改写了网文创作者的思维和理念。作为网络文学重要类型之一的耽美文学也从小众圈子的自娱自乐走向多元开放的商业化创作环境。2003年成立的晋江原创文学网（原晋江文学城），在这一波浪潮中迅速崛起，成为全球最大的女性文学基地。

晋江文学城的前身是福建晋江电信局的一位工作人员在"晋江信息港"设立的一个文学板块，发展情况大体如下[2]：

> H：我们最早是1997年从晋江信息港的一个文学板块开始的。文学板块的创办人是晋江电信局的一

---

[1] 虎嗅网.网络文学这十年.[EB/OL].(2013-03-08)[2020-03-20]. http://www.huxiu.com/article/1144.html.

[2] 2016年，作者在北京晋江文学城办公楼面访了网站创始人iceheart，这是访谈实录内容的引用。下文再次出现访谈内容，以"iceheart访谈"为名，不再特别标注。

位员工。不久他离职了，晋江文学城就一直处于没有人管理的状态，但没死掉，当时有一个BBS还非常活跃。荒芜一两年之后，有网友提议把文学城重新做起来，就搞了一个拯救晋江计划。我当时就是文学城的一个热心网友，大学快毕业了。

M：参与这个拯救计划的网友有多少人？

H：时间太久了，记不清楚了。参与讨论的怎么着也有几百人吧，但真正能付诸行动的，受各种条件限制，就比较少了。我大学毕业，刚租了房，装了网线，这很奢侈。当时在家里上网的还是少数。我刚好还学了点做网站的技术，我就说那好，我们重新把它建起来吧！我们联系了当时那个站长，他把晋江电信局我们这一块的服务器密码告诉了我们。

M：你们直接参与运作的有几个人？什么时候从单纯的搬文转向原创的？

H：大概十多人。最开始主要是搬文分享。差不多一年以后，原创的内容渐渐多起来了。主要是读者看多了小说，觉得自己也能写啊，就开始自发地在论坛上写文、写连载，就有点像天涯的人人鬼话，或者金庸茶社那种。写《明若晓溪》三部曲的明晓溪就是最早在论坛上开始写连载的。我们还邀请了很多当时比较有名气的作者，比如陈素玲、蒋胜男、杜若等到我们论坛上开专栏，连载小说。这段时间我个人制作网站技术明显进步，从只懂得一些简单的网页制作开始到2003年编程这些基本就学会了。内容只放在论坛上，检索、阅读都不是很方便，因为帖子中间会有网友评论，评论后面又跟帖，看文很不方便，我就想做一个网站来存储这些小说。所以，2003年，我们新写了程序，做了一个网站。第一批到网站来发文的就是之前在论坛上连载的作者，像写《芈月传》的蒋胜男，还有明晓溪等，她们是网站的第一批注册会员。

M：那时候的耽美写手和耽美文的情况怎么样？

H：我在大学期间接触到耽美，大概是1998—1999年，那时网络上已经有许多耽美小站了。我主要是以西路BBS作为根据地。西路倒了之后，大量免费BBS的生存也很困难了，那些挺著名的网站也慢慢消失。到我们做晋江原创网的时候，耽美文已经很多了，虽然还属于极其小众的文类，但这个小众圈子里已经存在一批很有名的写手了，有一些到现在都还活跃着，比如说风弄、易人北等。

M：2003年晋江原创网建成后，耽美成为网站最著名的板块。网站的定位就是耽美原创吗？

H：其实真不是。到现在统计一下网站文章数量，耽美还是少数。主要是只有晋江是不加区别地对待耽美文学，没有歧视，没有打压，没有特殊管理，我们只是把耽美当成跟其他文类一样的文章。你知道的，有些网站是不允许写的，写了也不给你推荐，是有区别地加以管理了。对我们来说，古言是一种题材，现言是一种题材，耽美就是另一种题材，三者是同等的。也正因为这样的原因，其他的写手，比如写古言的、写都市的，他们走到哪都可以生存下去，但是耽美写手她们只有这一个地方可以生存。所以，可能给大家造成一种印象，晋江重点在耽美，而事实不是这样的。

M：2010年时改为晋江文学城了吗？

H：我们原来一直叫"晋江文学城"，从论坛搬到网站后,新开了一个"晋江原创网",两个名字同时使用了一段时间。晋江文学城当时主要是做传统内容的数据扫描的,后来扫描这块彻底关掉了。2010年,我们就只保留了"晋江文学城"一个名称了。

晋江文学城从名不见经传的论坛板块起步,由扫描纸质文本、电子化盗版港台耽美文学、网站搬运小说起步,经历了文学网站初创期技术设备的简陋,同时也见证了早期网络文学的繁荣兴盛和潮起潮落,从这个意义来说,晋江文学城发展之路与互联网媒介技术的迭代更新是分不开的。2007年,晋江文学城接受盛大网络发展有限公司投资,拥有晋江文学城50%的股权。2008年,晋江文学城推出VIP付费阅读模式,开始步入文学网站商业化时期。

VIP付费阅读模式2003年由起点中文网首推。虽然读者阅读付费愿望并没有那么强烈,又受盗版资源泛滥冲击,付费盈利模式前景并不明朗,但当其他主要文学网站都实施VIP付费阅读后,为了留住优质写手,晋江文学城不得不开启付费阅读模式。

很显然,付费阅读模式不仅仅改变了读者的阅读习惯和方式,更重要的是改变了网站构架,以及创作者、阅读者和网站的关系。2008年,晋江文学城实施付费阅读模式,趁着蒸蒸日上的势头,签约了一批当时著名的作者,并对站内排行榜做了重要调整。在此之前,晋江文学城首页只有"自然榜单",也就是由读者根据阅读体验点赞决定文章好坏,主动权完全集中在读者手中。签约作者入驻平台后,晋江文学城增加了人工排行榜单和收入榜单,前者由网站主导,因此会偏向于推荐网站编辑们认为有潜力的新人和重点作者;后者则是收入的自然榜单。网站板块也因为付费阅读模式做了相应的调整。2007

年12月3日，iceheart在晋江论坛下属的"碧水江汀"发布题目为"原创网耽美频道板块测试兼征求意见"的帖子，表示"首页的八个分类榜将逐渐升级成为二级分类频道。届时将提供给网友内容更丰富、规划更细致、寻文更方便的浏览感受。请网友提出自己的意见和建议"。此帖的跟帖达到500多条，网友回复要求"分类更明晰""增设一些排行榜""要便于查询"等。2010年2月10日晋江原创网关闭，仅保留了晋江文学城，同时推出改版的新界面，由晋江言情站、晋江耽美同人站、晋江台湾言情站、晋江商城、晋江论坛五个子站构成，其中，晋江耽美同人站是由晋江原创网原有的耽美同人频道拆分而成，域名为dm.jjwxc.net或tr.jjwxc.net，下设现代耽美频道、古代耽美频道、百合频道、同人言情频道、同人耽美频道、短篇频道六个子频道。"晋江耽美同人站的分设，意在为更为自由的独特题材提供更细致的分类和更广阔的平台，为更多新颖的类型和创意提供出口，为更方便的读写交流创造条件。"① 如此高调地将"耽美"文类加以强调，当时的确吸引了众多对耽美情有独钟的写手和读者云集在晋江文学城，促进了国内耽美文学的兴盛。"截止到2011年12月31日，晋江文学城共有耽美文学作品31.65万部，占全部作品的48.69%。"② 最新的数据显示，晋江文学城"纯爱"（耽美）作品占全部作品的48%。③ 也就是说，十年来，耽美作品在晋江文学城所有作品类型（百合、纯爱、无CP、言情）中一直保持着近半的占比。

---

① 赛迪网.晋江原创网回归文学城，五大板块功能全新出发[EB/OL].(2010-02-23)[2019-12-23].http://tech.sina.com.cn/i/2010-02-23/15493873468.shtml.
② 孙嘉咛."耽美文学"出版研究[D].四川：西南交通大学，2013.
③ 玄派.大数据分析网文市场之晋江篇 女频必看[EB/OL].(2019-01-21)[2019-03-04].https://www.sohu.com/a/290690230_680597.

商业化之后的晋江文学城在2014年前后为了更好地调试界面、优化创作和阅读体验,再次对板块做了重大调整。将原先的原创言情站和耽美同人站拆分成四个板块:古代言情、现代言情、耽美、同人,但从内容题材看,只有三个类别,即言情、耽美、同人。如此,网站结构按文章属性可以分成言情和非言情,按性向则可以分为原创站和同人站,因此,不同兴趣的读者都可以方便地找到自己感兴趣的内容。与此同时,"耽美"用词被改成了"纯爱",其用意在于规避"耽美"一词在社会公众想象中所引发出来的另类的、冒险的、反叛的、同性恋的、色情的等负面意义。

晋江文学城作为较早为耽美同人开设独立板块的综合性专业文学网站,对中国耽美文学的发展、耽美圈的形成及耽美文化的生成可谓影响巨大。比起露西弗俱乐部等以会员制为主的耽美论坛,综合性文学网站几乎没有准入要求,非常宽松,进出自由。如晋江文学城无须注册就能阅读免费章节,这就使得耽美同人文化逐渐走出私密的小众文化空间,融入更加多元开放的网络文学环境,接纳更多新鲜血液加入耽美同人文化圈中来。同时,在文学网站商业机制的作用下,耽美创作开始与商业和经济利益直接挂钩,耽美写手则可以与文学网站合作,通过网络付费阅读和实体书出版来获取报酬。在这种形式下,单纯由兴趣驱动创作、无偿分享的耽美论坛对耽美同人创作者的吸引力就相当有限了。很多已经成名的耽美作者纷纷转移阵地进行商业写作,耽美同人文化圈的核心力量就这样被商业文学网站争夺过去,国内耽美同人的商业化进程也自此拉开序幕。

IP化:被稀释后的亚文化

前文提到,综合性专业文学网站因为宽松的准入要求,在培养耽美受众方面发挥了积极作用。晋江文学城曾经的网站口号为"女性网络文学原创基地",它也是公认的国内最大的耽美文学"大本营",不但拥有海量的耽美文学作品,而且拥有海量耽美爱好者。2014年开始,国内影视娱乐行业掀起 IP 热潮,使得包括耽美文学在内的网络文学的商业价值得到了全新开发。IP,即 Intellectual Property,直译为"知识产权"。这是一个产生于影视圈资本浪潮中的较为模糊的概念,延伸至网络亚文化领域,多指拥有读者/粉丝基础,适合二次或多次改编/开发的网络文学、游戏、动漫等拥有知识产权的作品,比如一部网络小说、一部广播剧、一台话剧,或是一个故事大纲、某个经典人物形象等。

IP 热的兴起使得网络文学成为影视娱乐行业新素材的来源和新创意的增长点。耽美作为网络文学的一个重要类型,也吸引了影视娱乐产品开发者的注意力。耽美文学的商业价值由此得到提升。以晋江文学城为例,从2015年2月到2016年2月这一年里,晋江文学城共售出151部小说的影视版权,平均不到3天就售出一部;晋江文学城两位耽美作家——非天夜翔和 Priest,在2016年的影视签约金额均超过千万元。阅文集团 CEO 吴文辉在接受媒体采访时用"惊心动魄"来描述 IP 价格的飞涨。"2003年时,阅文旗下的网络小说都积压卖不出去,但从2014年开始,几乎全卖掉了,并且还出现了预购、抢购的现象。他透露说,现在的版权最高能卖到几百万,加上后续分成,总数字最高能达到上千万。"①

资本青睐使得一部分耽美同人小说被购买版权并改编成网络影视剧面向大众。2014年12月,由陈鹏执导、鹏程映画出

---

① 邱伟. IP 热还能走多远?[EB/OL].(2015-06-10)[2018-05-03]. http://m.haiwainet.cn/middle/456689/2015/0610/content_28822137_1.html.

品的《类似爱情》在全网免费播出。2015年,由张文爽执导、同性社交软件BLUED出品的《我和X先生》,由王星辰和安鹏执导、柴鸡蛋工作室联合出品的《逆袭之爱上情敌》,《类似爱情》第二季等先后播出,开启网站/平台自制耽美网剧的模式。2016年1月,由丁伟执导,柴鸡蛋工作室、北京华策娱乐科技有限公司联合出品的15集耽美剧《上瘾》在全网播出后,很快冲上热搜。后因剧情原因被紧急下架。《上瘾》之后,耽美网剧数量急速上升,《烟袋斜街10号》《灵界基友》《识汝不识丁》等陆续上线。2016年耽美网剧的播出数量超过20部。微博ID"宅剧排行榜"2018年7月31日发布推文,称已确定影视化的有《桃花债》《六爻》《默读》《天官赐福》《杀破狼》《山河表里》《死亡万花筒》《金牌助理》《末日曙光》《提灯映桃花》《大神养成计划》《天宝伏妖录》《巨星手记》《乱世为王》《王子病的春天》《青龙图腾》《破云》《鹰奴》《魂兵之戈》《撒野》《寒武再临》《狼行成双》《伪装学渣》《鬓边不是海棠红》等,数量之丰富和改编之热情由此可见一斑。

通过影视改编,中国耽美同人文化步入影视娱乐领域,从而由小众爱好圈转向广泛的网络受众群体。不过,耽美文化的内核并没有在大众市场空间里受到认可。2018年播出的两部网络剧《镇魂》《S.C.I.谜案集》均由耽美同人小说改编,此两部网剧在剧情及人物设定上均做了改编:《S.C.I.谜案集》将原作中一个重要的男性配角转成了女性,制造出了一对男女CP。如此改编令耽美爱好者们难以接受。在"宅剧排行榜"那条总结耽美小说影视化的微博下面,网友评论基本都呈现不看好、不期待的态度。

> 知道没办法还原,还不如不要拍,还毁原著,我自己看小说脑补不行吗,难受。

求放过，不要真人化，剧情过不了就瞎改，消费我们的热情。

　　没那个金刚钻就别揽那个瓷器活了，想圈钱想疯了。

　　生气！过度消费腐女感情，拍出来都没眼看，就让我们耽美圈安安静静地自行安排不好嘛。

——微博网友评论
（略有改动）

　　对耽美爱好者而言，绝大多数耽美 IP 化之后，被改编成影视剧都达不到她们自我想象的高度，满足不了她们对喜爱的角色的要求，或者挑战了政策管理的尺度，因而，耽美改编作品具有较大的市场风险。

多元并存的媒介空间

　　耽美文化从 20 世纪 90 年代初传入中国大陆至今已经有近 30 年的发展史。从小书店到互联网，从隐秘、分散的各个 BBS 论坛和个人网页到集中、开放的综合性文学网站，再到面向广阔大众市场的影视娱乐平台，时至今日，耽美文化在多元并存的媒介空间里始终是特殊的存在。

　　除了耽美网络论坛、文学网站的耽美区可供耽美爱好者交流、分享外，以耽美文化为主要讨论内容的 QQ 群、微信群也很流行，例如某耽美作者的粉丝群、某耽美作品的粉丝交流群或者耽美同人资源群等。这些讨论群人数从几十人到几百人不等。除了线上交流外，这些讨论群也会进行有组织面基（见面）、组团参加漫展等线下活动。

> 高亮！【脆皮鸭文学搞事基地】招人，诚邀各位道友一起搞事，扫码入群，不见不散！
>
> 进群申请备注你最喜欢的cpy，不知道脆皮鸭是什么就不要进群了呀，为什么突然建群呀：寻找有趣的人一起聊聊天。
>
> 所有的群都正常聊天或者安静如鸡，唯独脆皮鸭群聊天快得刷都来不及，一刻没停地在聊天。
>
> ——微博网友
> （略有改动）

正如这些微博网友所体验的那样，"群"比起论坛和网站来说更加隐匿而封闭，同时也更加日常化、生活化，群里的伙伴们可能关系更亲密、交流更频繁。而在微信公众号功能得到广泛使用后，很多耽美主题的公众号也应运而生，相关的消息和资源可以被自动推送到用户的客户端上，耽美爱好者获取资源的渠道也更加流畅。

IP热潮不仅仅让耽美文化进军至影视娱乐空间，同时还炒热了耽美小说的正规渠道出版。此前耽美文化只在圈内活跃，很多耽美作品只能做成"个人志"被粉丝购买收藏。而耽美小说的影视改编作品面向网络公众，不仅增加了原著粉丝，也引发耽美小说公开出版热，形成影视娱乐行业和图书出版业之间的合作和互动。

迄今为止，耽美文化在多元并存的媒介空间里得以发展，尤其在IP热潮兴起之后，拥有广大的娱乐市场。虽然IP这股热潮已降温，但它对耽美同人文化的影响力依然存在。

耽美/BL 发展至今已有近三十年的历史，耽美圈大概以五年为一个阶段，从无至有经历了散兵游勇、圈地自萌、出圈传播、IP 泛化四个阶段。耽美圈参与者自二次元动漫爱好者起步，被陆续冠以或自冠"同人女""耽美爱好者""腐女""耽美狼""伪腐"等称谓。随着参与群体泛化，耽美圈分裂成"核耽"和"泛耽"两大类型。

耽美圈：一群自嗨的女孩

因为趣味趋同，耽美创作者和阅读者借助互联网媒介空间逐渐形成了属于自己的圈子。从事耽美文化实践活动的女孩群体，她们以"腐女"自称，在看似自贬的称谓中仿佛又蕴含着自我欣赏。"一入腐门深似海，从此女主是路人"的戏言精准地概括出了腐女们的阅读心态。那么，耽美圈有哪些人口学特征？圈外人如何看待腐女和耽美圈？耽美圈女孩如何看待自己？腐女们如此痴迷男男爱是否病态？在"粉"与"被粉"的互动中，耽美圈在当代网络亚文化中获得了重要文化地位，耽美文化也影响了部分青年女性的价值观念。

耽美爱好者画像

喜爱耽美的群体如何称呼？媒体和学术界通常用"同人女""腐女"来指代。其实，"同人女""腐女"都是这个群体的自称。由于她们的殊异性，圈外人实在不知道如何来命名她们，就只好借用她们的自称了。

"同人女"与"同人创作"密切关联。"同人女"一词来源于日文，原指从事同人作品创作的女性群体。在同人创作中，喜爱耽美的同人女性群体数量最大，因而，"同人女"逐渐被泛指创作与欣赏一切（不限于同人）耽美作品的女性，外界经常将其与"腐女"概念混用，其实两者的内涵与外延不尽相同。

"腐女"一词同样来自日文，是"腐女子"的简称，由同音的"妇女子"（ふじょし）转译而来，指称极度喜爱耽美文化的群体。"腐女"与"同人女"的差异在于，同人女不一定是腐女，腐女中却有很多是同人女。同人女大多是创作者，以给她们所喜欢的小说、电视、电影、动漫写番外续集，或者借助已有人物和背景创作故事为存在方式。同人女创作的作品

"腐女"与"同人女"的差异在于，同人女不一定是腐女，腐女中却有很多是同人女。

中，主人公性取向包含了同性恋和异性恋模式。与此不同，腐女包括了创作者和读者两大类青少年女性群体。创作者以创作"男男爱"为旨归，读者则以喜爱"男男爱"为乐趣。她们自称"腐女"。也就是说，腐女群体包含了创作耽美的同人女群体。

耽美脱胎于漫画，带有浓重的二次元色彩，在发展中超越漫画界，逐渐进入小说、音乐、视频、广播、游戏等媒介领域，内容与体裁愈来愈丰富。尤其是借助网络文学和IP知识产权的影视化，耽美逐渐走出封闭的小圈子，被越来越多的青少年接受和认同。在这样的背景下，试图给耽美圈精准地画像几乎不可能完成。本着求同存异的原则，我们以自己所做的《青少年网络流行文化调研数据报告》①（2015，以下简称"苏大调研"）为基础，通过广泛收集资料、参与式观察、访谈等方法，在借鉴和对照中尽可能勾勒耽美圈参与者画像，以帮助读者了解和把握这个特殊的文化圈和参与群体。

性别：女性为主，不乏男性

现有研究文献中关于耽美圈人口学分析的可信文本比较少，且几乎所有研究对性别构成均不做具体分析，仿佛天然地认为耽美圈由女性组成，是女性天堂。与此同时，网络上流传着一些在线调查，有的来自耽美专属贴吧或网站，有的来自ACG专属网站，虽然都不是严格意义上正规的调查，但问题

---

① 苏州大学新媒介与青年文化研究中心的《青少年网络流行文化调研数据报告》于2015年完成，未公开出版。该调查共发放问卷1 506份，涵盖全国东、中、西部地区，回收有效问卷1 415份。调查对象中男性占48.4%，女性占51.6%；年龄区间为12—28岁。调查日期为2015年4—8月。部分数据在马中红等主编的《新青年·新媒介·新文化——中国青少年网络流行文化现象研究》（清华大学出版社，2016年）中发布。

清晰明了。回答者匿名填写，对于敏感问题的回答或许比面对面答卷更真实、更自主，因而，对于单一的具体问题有较大的参考价值。

耽美圈由青少年女性组成，是一种普遍认知，也得到媒体和学术界公认。不过 2016 年日本一家调研机构针对日本 BL 消费市场所做的调查［以下简称"日本矢野调查"（图 3-1）］[①]报告显示，女性消费者占据总消费者的七成，男性占整体市场也有三成比例。这个发现非常有意思，发布后在日本还引发了网络热议。该问卷调查显示，日本该市场消费者总数达到 74 万人，男女三比七，也就意味着有 20 多万人是男性。与日本相比，或许耽美群体在中国大陆的消费影响力并没有那么大，或者说消费潜力尚未被充分意识到，迄今仍没有一份专门的耽美圈消费调研报告，也就是说，耽美圈群体依然被混同在二次元领域，缺乏独立数据。"苏大调研"中有一题"你听说过耽

ボーイズラブ市場の客層

2016年9月に矢野経済研究所が実施した消費者アンケートより、「BLオタク」を自認する消費者は日本国内に約74万人存在すると推計された。
「BLオタク」の年代の分布は、アンケート結果では、15〜19歳：20.0（22.6）%、20代：36.5（36.8）%、30代：9.4（11.3）%、40代：17.6（14.2）%、50代：8.2（6.6）%、60代：8.2（8.5）%となっており、10〜20代が牽引する市場である。注目されるのは、40代が前年より3.4ポイントアップしている点である。
男女比は男性：女性＝30.6（17.9）%：69.4（82.1）%と女性の比率が高いことが当市場の特長であったが、男性比率が12.7ポイントアップと急成長している。
BLを愛好する女性を指す「腐女子」という言葉が一般的になりつつあるが、BLを愛好する男性を指す「腐男子」という言葉も一部で使われるようになっている等、男性のファン層も増加傾向にあることが今回の調査からも判明した。

图 3-1　日本矢野调查数据

---

① 彼此的幸福 009. 日本 BL 消费调研报告被翻出，腐女只占七成比例，剩下三成是……[EB/OL]. (2019-05-22) [2021-01-03]. http://k.sina.com.cn/article_6442280866_17ffd67a20 0100opez.html? from＝animation & sudaref＝www.baidu.com & display＝0 & retcode＝0.

美吗?"的数据显示,有32.3%的受访者听说过"耽美"一词(图3-2),这包含了不同程度的可能性,或许是资深耽美文化参与者,或许仅仅是听说而已。

图3-2　听说过耽美的青少年占比

引入性别变量进行分析,发现在知晓耽美的受访者中,男性占31%,女性占69%。从常规认知来看,男性不是耽美作品的创作者,甚至可能连阅读者也算不上,只是停留在听说而已这个阶段,相比之下,占69%的女性受访者有可能是不同程度介入耽美作品生产、消费和传播的。问卷星一份不知何时在线投入的《关于腐女群体特点及耽美传播现状的调查》① 结果显示:样本总量为1 107份,参与调查的女性为1 072人,约占96.84%,男性35人,约占3.16%。这份问卷没有任何说明,但作为在线开放式问卷,又具有一定的可信度,如此,虽然我们不能将参与的男性直接等同于耽美圈人,但至少他们有意愿了解,甚至喜欢耽美。有论文给晋江文学城用户画像,数据显示,女性用户占82%,男性用户占18%。② 虽然男性用户不可能都是BL的爱好者,但因为晋江文学城是女性向网站,耽美/纯爱又是其标志性的符号,所以我们有理由推断耽美圈中有一定比例的男性。

> 我们有理由推断耽美圈中有一定比例的男性。

---

① 问卷星.关于腐女群体特点及耽美传播现状的调查[EB/OL].[2021-01-03].https://www.wjx.cn/report/740154.aspx.
② 张梦笛.晋江文学城用户画像研究[D].吉林:吉林大学,2020.

年龄：高中生及大学生居多

在线调研报告《关于耽美小说读者群体调研》①的结果显示，耽美群体的年龄主要集中在12—25岁，其中12—18岁占比最高，为53.75%，其次是19—25岁，为43.75%，而在初次阅读耽美小说的年龄这一问题上，选择12—18岁这一选项的人占比最高，为89.9%。"苏大调研"对网络耽美文化受众调查（图3-3）的结果显示，耽美群体的年龄结构中18—21岁占比最高，为42.5%，其次是15—17岁，为31.2%。

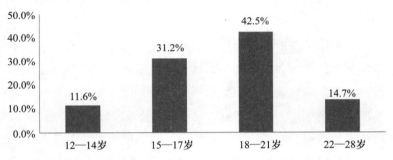

图3-3 听说过耽美的青少年在总体样本中的年龄分布

《关于腐女群体特点及耽美传播现状的调查》则显示：21—24岁的有377人，占34.06%；18—20岁的有287人，占25.93%；25岁及以上的占13.46%；18岁及以下的占14.91%；而30岁及以上的仅占2.08%；15岁及以下的占4.7%；11岁及以下的有2人，占0.18%。由此，我们虽然无法准确地估算出耽美群体的年龄，但大致可以推断出主体成员年龄应该在18—24岁，也就是高校就读的学生居多，其次为初高中学生和刚参加工作的单身青年。25岁及以上的耽美爱

---

① 问卷星.关于耽美小说读者群体调研[EB/OL].[2021-01-04]. https://www.wjx.cn/viewstat/5206502.aspx.此调研报告为专业问卷调查网站"问卷星"面向全国发放的一份问卷，共240人参与。

好者占比虽然不大，但她们进入时间长，经验丰富，许多已经由阅读者转变为创作者，是耽美圈里的中坚力量。在访谈中，受访者表示在初高中时初次接触耽美的比较多：

> 最开始接触耽美是在初中。看动漫《黑执事》，里面有一些比较"腐"的东西，然后自己找喜欢的CP同人文看。后来进了贴吧，有很多人写耽美小短文，我就找来看看，觉得很有意义，写得也很有趣。
>
> ——丸子

与早期投身耽美圈时心智成熟的爱好者相比，今天的耽美爱好者年龄整体有所下降，但坊间传言所说的"耽美群体越来越低幼化"尚且缺少足够的数据来支撑。由于家庭经济水平普遍提高，网络平台丰富多样，以及智能手机的普及，资讯的获取越来越方便，耽美作品可谓唾手可得，极大地降低了进入门槛。与此同时，耽美不断出圈，逐渐为自己祛魅，年轻群体也不再谈"耽"色变，无论受好奇心驱使，还是偶尔被带入圈，道德负罪感大为减弱。更进一步，资深的耽美创作者在耽美圈拥有大批粉丝，优秀写手通过 IP 化还能名利双收，这些也带动了耽美圈的发展。

地域：城乡差距悬殊

依据现有数据，可以得出的总体结论为个体成长环境对能否接触及是否加入耽美圈有很大影响。2011 年一份研究显示[①]，耽美爱好者的成长环境以城市为主，占 88.6%，农村占

---

① 宋佳，王名扬. 网络上耽美亚文化盛行的心理学思考 [J]. 黑河学刊，2011 (8)：22-24.

比较少。问卷星在线调查①的结果是，耽美爱好者属于大城市（首都、直辖市、省会城市）的占35.32%，中心城市的占53.30%，非城市的占11.38%。两份研究报告的结论可以互为印证。在是否了解耽美这一问题上，"苏大调研"结果表明，地区差异不太明显，城乡差异悬殊。东、中、西部了解耽美的受访者比例分别为36.0%、27.4%、31.2%，中部地区略低。受访者生活的地方以城市为主，约占65.4%；城镇为辅，约占26.1%；农村约占7.7%；其他约占0.7%（海外生活）。（图3-4）

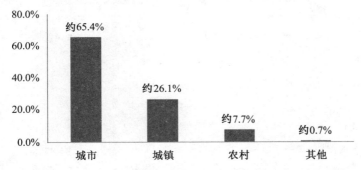

图3-4 听说过耽美的青少年居住地分布

由此可见，"地域"变量差异要远大于年龄差异，绝大多数耽美爱好者生活在大都市和核心城市。与农村相比，城市的一些优势更利于耽美爱好者深入耽美文化，比如经济发达、受教育程度高、观念更开放和多元、媒介使用更熟谙及社会更包容等。因此，耽美文化的发展与地区经济发展水平、文化开放程度及信息流通程度成正比，这是外部条件。就个体来说，耽美圈的参与者大多受过良好教育，家境较好，有条件通过阅读书籍和使用互联网的方式接触耽美文化，对异质文化持有开放

> 耽美圈的参与者大多受过良好教育，家境较好，有条件通过阅读书籍和使用互联网的方式接触耽美文化，对异质文化持有开放和接受心态，乐于在互联网上与圈内成员进行交流。

---

① 问卷星.关于腐女群体特点及耽美传播现状的调查[EB/OL].[2021-01-05]. https://www.wjx.cn/report/740154.aspx.

和接受心态，乐于在互联网上与圈内成员进行交流。

媒介使用习惯：智能化和多样化

"苏大调研"结果表明，耽美群体的创作、阅读、分享主要通过互联网进行，随着智能手机的普及，青少年更青睐移动客户端。调查发现，耽美群体经常使用手机 App 类型的频率由高到低为社交类、音乐类、购物类、新闻类、游戏类、文学类、摄影摄像类、饮食类、旅游类、健康健美类。(表 3-1)

表 3-1　青少年耽美群体使用手机 App 类型的频率

	社交	新闻	音乐	游戏	旅游	摄影摄像	健康健美	饮食	购物	文学
从不/%	6.8	9.0	3.1	18.9	31.8	24.3	32.7	24.3	11.0	13.6
偶尔/%	6.6	18.4	7.9	27.0	25.7	19.1	26.1	17.8	12.7	17.3
较少/%	5.5	12.7	6.8	13.4	14.3	12.9	17.3	12.9	12.7	16.9
一般/%	8.4	16.4	13.4	9.9	12.7	11.4	9.0	15.8	15.6	19.1
较多/%	8.4	14.0	19.3	8.3	5.9	12.9	7.0	11.8	14.5	11.8
经常/%	64.4	28.9	49.3	22.1	8.8	18.4	7.2	16.0	32.2	20.6

耽美与漫画密切关联。早期耽美作品的母本主要来源于动漫，但调查显示，耽美群体与游戏之间的联系度远没有那么密切。除了"十万个冷笑话"占比超过一半外，其余的关联度均在 20% 左右。数据说明现在耽美作品的母本已经不再局限于动漫作品了。(表 3-2)

表 3-2　参与耽美创作的青少年观看典型动漫作品比例

动漫类型	看过/%	没看过/%
同人类（《舰队 Collection》）	20.9	79.1
Flash 动画（《小破孩》）	22.6	77.4
动漫促销宣传影像	18.0	82.0

续表

动漫类型	看过/%	没看过/%
二次元鬼畜类（《最终鬼畜葫芦娃》）	20.6	79.4
耽美动漫类（《纯情罗曼史》）	27.8	72.2
搞笑漫画日和	36.5	63.5
起来嗨系列	17.1	82.9
进击的巨人	33.9	66.1
十万个冷笑话	58.0	42.0
其他	24.9	75.1

　　耽美是一种趣缘文化，有严格的准入制度，有自己的层级组织，并且通过一套专属的符号系统、语言系统、意义系统与其他群体相区隔，具有鲜明的独特性。图3-5的数据表明，耽美文化的传播主要不是依靠传统媒体（占7.1%）。这一方面说明大众媒体很少关注这类青少年流行文化，另一方面也表明关注耽美文化类型的青少年群体与大众媒体接触频率日趋降低。相反，相熟的同伴之间的影响力特别突出，有62%的信息来自自己的同学和朋友。其次是网络贴吧，占53.6%，由于绝大多数"混"贴吧的人都是匿名的，我们可以认为这种影响力来自具有共同兴趣爱好的陌生人之间的分享。再次是社交

> 耽美是一种趣缘文化，有严格的准入制度，有自己的层级组织，并且通过一套专属的符号系统、语言系统、意义系统与其他群体相区隔，具有鲜明的独特性。

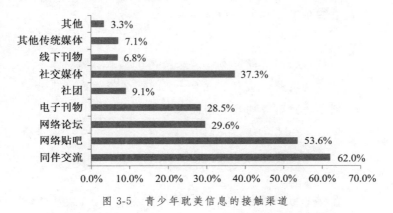

图3-5　青少年耽美信息的接触渠道

媒体，占比达37.3%。由于社交媒体是熟人与陌生人的交织体，其信息相当于来自同伴和同好的交流。排名第四和第五的网络论坛及电子刊物，通常是耽美作品创作者和阅读者最活跃的网络空间，她们在此写作、发布、分享、讨论、评价，但由于这类空间的半封闭性，圈外人很难直接接触，因此，占比略低，分别为29.6%和28.5%。

《关于耽美小说读者群体调研》①的数据显示，就阅读耽美小说渠道来说，52.02%的人选择手机端在线阅读（各大文学网站旗下App等），42.93%的人选择移动端下载阅读（手机App下载、Kindle等），41.92%的人选择PC端在线阅读（如起点中文网、晋江文学网等）。同样，在访谈过程中，不少受访者表示自己仍然热衷于阅读耽美作品，会主动搜索与耽美有关的衍生物，如同人作品、视频剪辑作品等，阅读渠道主要为手机端。

> 现在不会经常阅读，但是会在微博或者朋友圈推荐下去看，主要在手机网站上看，比如LOFTER、晋江之类的，一个月大概能看两三部短篇，有特别喜欢的会买纸质实体书，但是一般不会看付费的。
>
> ——丸子
>
> 现在仍然会经常看，主要是用手机看，阅读量和文的质量有关，文好的就会一直追，不好的也会很长时间不看，付费购买的情况很少。
>
> ——Z同学
>
> 现在看得比较少了，偶尔会去LOFT、B站看一

---

① 问卷星. 关于耽美小说读者群体调研[OB/OL]. [2021-01-03]. https://www.wjx.cn/viewstat/5206502.aspx.

些耽美同人作品和视频剪辑作品，阅读量比较小，想起来才会去看，不会付费，嘿嘿。

——健壮

我现在仍然会经常看小说，在手机上看，不会付费。

——军军

耽美作品的阅读从租书屋起步。经历BBS、贴吧、文学网站到当下微博、微信等社交媒体，耽美文化的传播载体持续变化，但没有哪种媒体真正退出。时至今日，百度贴吧、豆瓣、知乎、微博、微信与各大文学网站的子频道、论坛一起成为耽美圈重要的聚集地，耽美爱好者们在此互动交流、共享资源、建立共同体。随着耽美媒介的多样化，基于互联网的耽美圈衍生出众多广播剧、网络剧等新类型。耽美文化资源丰富多样，网络虚拟空间继续推动耽美文化不断向前发展。

腐女：自贬与自嗨

据已有各类文献资料得出的耽美圈画像，我们粗略地把握了核心耽美群体的特征：青少年女性，在校生，生活在城市，家境良好，接受较好的教育，熟谙互联网新媒介技术，酷爱阅读（尤其是耽美作品）。这样的描述或许还停留在数据的、表面的勾勒上，尚不足以帮助我们更深入地了解这个独特的群体。那她们如何看待自身，以及他人与自我的文化实践呢？

腐女：自称而非TA称

不管是否了解耽美，了解多少，大多数熟悉互联网文化的人应该都听说过"腐女"一词。毫不夸张地说，"腐女"已经成为喜爱耽美/BL文化群体代名词,不过,媒体、公众对"腐女"的想象和理解是负面的,认为接触耽美的女孩道德败坏、性取向不正确。

　　让我们先从词源说起。"腐女"来源于日语"ふじょし"。"腐"的原意为"无药可救",是一种带有自嘲意味的说法,意指自己深陷BL/耽美不能自拔,彻底沉醉于小说构建的世界之中。通常而言,"腐女"幻想的BL对象是二次元世界的男性,即ACG人物,而非真人出演的作品中的人物。随着耽美文化的泛化,影视作品、真人秀、明星偶像,甚至现实世界中真实的男性人物都可能成为"腐女"幻想的对象,因而,当下"腐女"主要指拥有特定性想象的女性,即幻想和迷恋男男美好恋情,不歧视、不反对性少数者。"萌娘百科"① 定义"腐女"的几条准则如下:

> 　　一是喜爱男性与男性之间恋爱的女生即是腐女,但腐女与腐女之间也有路线之争,一些腐女持有接受男同性恋,却不接受女同性恋的态度,甚至于只接受帅哥们搞BL,而丑男同性恋就应该被打死。因此又产生了"真正的腐女与伪腐女"的区别。
> 　　二是对所有同性恋持支持和尊重态度(支持不仅仅局限于支持二次元和男性同性恋,也包括支持现实生活中的gay及女性同性恋;而尊重即是指做到真正的"不探究、不围观、不骚扰")。
> 　　三是能对同性恋、异性恋一视同仁。只有满足以上条件的女孩子才有资格被称作真正的腐女。而所谓

---

① 萌娘百科(https://zh.moegirl.org/%E8%85%90%E5%A5%B3),一个综合性ACGN百科站点,旨在完整准确收录动画、漫画、游戏、文学相关内容,以及青少年间流行的事物。

的"伪腐女"则是指随着耽美作品的广泛传播,越来越多的人开始接受BL设定而宣称自己为腐女,然而很多人并不是真正支持男同性恋行为,而只是单纯地喜欢看帅哥,亦即喜欢的是颜值而不是BL。因为"伪腐"经常性对传统的只支持异性恋的主流人群和同性恋群体两面开炮,"真正的腐女"相当排斥"伪腐"的存在,认为"伪腐"给整个群体招致了许多来自圈外的误解和厌恶。

(略有改动)

由此可见,并非人人都可以自称"腐女"。成为腐女有一套标准,不仅体现在对耽美的喜爱,更体现在对现实生活中特殊群体的理解。除此之外,在耽美圈还有一条礼仪是:可以自称"腐女",但不可将"腐女"随便用于指称他人。当然,耽美圈外之人随便用"腐女"自称就成为圈内人鄙视的依据。

自嘲,却也自尊自爱

在"萌娘百科"关于"腐女"的页面介绍中,有一个板块为"腐女子辨识",以几张动漫图片详细描绘了腐女们的日常生活图景:她们大多有着一张圆脸或苦瓜脸,戴便宜却不适合自己的眼镜,穿着简单的家居服,热爱宅家;不喜化妆,头发睡到翘起,明明很年轻,却已经有了丝丝白发,有着松软的"拜拜肉"和丰满结实的大腿;不爱社交,却沉迷于网络中的耽美世界;用着被店员忽悠买下的笔记本电脑,网页收藏夹里全是有关BL和猫的网页,喜欢猫却同时可悲地对猫过敏。整张图片并没有十分明亮的色调,人物背后那不易觉察的廉价碎花窗帘、在室内随意搭晒的衣服,以及人物整体慵懒的神情,等等,都在以各种语言符号和非语言符号描绘出充满自黑、自贬、自嘲意味的腐女日常生活。以下两张来自"萌娘百科"的图片（图3-6、图3-7），彰显了她们的这种自嘲却也极其乐观的精神状态。腐女们正是在这样一种自嘲中乐此不疲地开垦着自己的精神乐园，以内部的团结一致抵抗外部的不解与嘲讽。

图3-6　腐女的日常生活状态　　　　图3-7　"久宅家中，可能就成这样子"

上文提到，"腐"在日文中有无药可救的意思，是资深耽美爱好者毫不避讳的自称，换言之，她们是故意为之。不过，很多人迄今为止对耽美爱好者持否定态度，认为她们的创作和阅读动机低级乃至低俗。的确，一些比较粗糙、拙劣的耽美同人商业作品，不仅亵渎原作人物形象和精神，而且错误展现与事实不符的同性恋者生存状态，引起社会大众对耽美文化更深的误解。但是大部分受过良好教育且素质较高的"腐女"只将耽美文化视作一种亚文化、一种小众爱好，她们在日常生活中非常低调，不会轻易暴露自己的"腐女"身份，只和圈内人交流。但是随着耽美文化参与者边界的不断外延，泛耽美接触者、低龄爱好者，行事作风却非常高调，这加深了外界对耽美和"腐女"的反感。"知乎问答"中有网友提问："为什么有人讨厌腐女?"昵称为"淮特"的答主说道:"在耽美被当作影视剧搬上荧幕的时候就该料到这一天,腐文化的发展在我国进入了畸形时期,盗笔同人圈、全职同人圈及魔道祖师圈三观不正的疯狂腐女大有人在。对于 LGBT 群体,像是正常现象一样对待才是真的尊重,而不是诱导和沾沾自喜。我觉得她们就是恶心。"① 此回答获得了 2 991 人的点赞(截至 2020 年 2 月 3 日)。圈外对腐女们的不满主要集中在以下方面:只喜欢长相俊朗、外貌秀美的男子,对于现实中的 gay 嗤之以鼻甚至深感厌恶;喜欢偷窥、干涉现实中的 gay 的生活,过度挖掘他人的隐私以满足自己的兴趣;强烈"种草""安利"耽美作品,拉人入圈,严重影响他人生活;等等。尽管这些只是腐女群体中的少数"不安分"分子甚至说是"伪腐女"的表现,但毕竟她们打着"腐女"的旗号去干涉别人的生活,不免让人对整个腐女群体都心生厌恶和抵触。

因此面对无从反驳的污名化和难以掌控的耽美群体,腐女们只好选择"自黑"这种方式来作为无声的抵抗。她们也称自己为"宅女",不爱社交,不爱穿衣打扮,在不多的社交中努力寻找自己的同好,以此来展示自我,建立起群体内部的认同感和归属感。

真腐女与伪腐女之甄别

其实,要想成为"腐女",获得腐女圈内人的认可并找到自己的同好并不是一件容易的事。由于耽美文学的特殊存在,特别是部分写手为了追求关注度,在文稿中加入篇幅过多的猎奇、色情内容,而在日常生活中,大部分"腐女"总是把自己

---

① 知乎问答. 为什么有人讨厌腐女?[EB/OL]. (2018-04-16)[2020-02-03]. https://www.zhihu.com/question/35090959.

藏得很深，一般不会轻易向他人表明自己的"腐女"身份。在一篇名为"怎样判断一个女生是不是腐女?"①的百度经验分享帖中，有人给出了如下的经验回答：

> 第一步，在轻松的氛围下不经意地问她，对李安（导演）有什么看法。如果她对李安有所了解呢，就问问她对《断背山》这部片子有什么看法。如果她表示很反感，"我不喜欢这种片子"，请就此打住，她应该不是腐女（当然也有故意撇清的，在这里不讨论），如果她表示"爱其实是不分性别的"或者简单地说"觉得没什么"，请进入下一步。
>
> （略有改动）

可以看出，腐女们在进行身份相互确认时的第一步便是看对方是否接受部分影视或文学作品的人物设定。当对方回答出"爱是不分性别"的时候，实际上已经通过"腐女"认证的第一关了。

> 第二步，在讨论时事的时候不经意地问她，对同性恋婚姻的态度。如果她表示厌恶呢，很有可能就不是腐女，如果她表示赞成，也不一定是腐女，但可能性大一些。
>
> 第三步，问她对于一些著名的被腐严重的（有些干脆已经是腐向的）漫画的了解。
>
> （略有改动）

---

① 百度"腐女 D 字号". 怎样判断一个女生是不是腐女? [EB/OL]. (2011-09-24)[2020-02-03].https://tieba.baidu.com/p/1220893451?red_tag=1586496595.

这里清楚地划分出了现实生活中的同性恋与同人作品甚至耽美作品中男性间情感的不同之处。显然有些人一开始是因为对同人作品的喜爱而成为同人女，然后慢慢地变成耽美爱好者甚至"腐女"，但一旦回归现实世界，她们就可能对同性恋群体持或支持或反对的态度，这也是耽美圈子内部判断"真腐女"与"伪腐女"的标准之一，也就是说，真正的"腐女"不只喜爱二次元和文学作品中 BL，同时对三次元现实世界的同性恋也持宽容态度，"伪腐女"则反之，不会认同现实世界中的同性恋者，甚至持排斥态度。

> 真正的"腐女"不只喜爱二次元和文学作品中 BL，同时对三次元现实世界的同性恋也持宽容态度，"伪腐女"则反之，不会认同现实世界中的同性恋者，甚至持排斥态度。

　　第四步，问她对一些著名的被腐严重的游戏的了解。《仙剑》系列里面，4 的腐粉比较多，紫英天河天青玄霄，生生把梦璃和菱纱两个美女排除在外，貌似 3 腐得也不少，特别是唐人把它拍出来以后，还有已经是腐向的《鬼畜眼镜》之类的。
　　第五步，问她对一些著名的被腐严重的人物的了解。如果喜欢日本影视，可以问问对 J 家的看法。如果喜欢韩国组合，可以问问对东方神起怎么看……
　　　　　　　　　　　　　　　　　（略有改动）

从动漫到游戏再到现实人物，从虚拟世界延伸到现实世界，腐女们"腐"的程度在一步步加深，对"腐"的接受能力也在逐渐增强。

　　第六步，观察她在网上常看的内容，如果去逛那个啥啥文化论坛（你懂的），或者去围观夏河落落，或者沉迷在某个百度同人吧里，或者在追晋江文学城某部耽美原创或耽美同人。

第七步，随便问问她一些关于耽美的切口，如果她一怒而起或者嘿嘿而笑，你懂的。

最后，和她一起去新浪微博看看微小说，十篇里面肯定有几篇是腐的，你看看她的反应是无法理解，还是津津有味，你懂的。

(略有改动)

可见，腐女不仅有着"自黑"意味的人物描绘，更有着圈外人看不懂的一套群体内部的语汇系统。从漫画、影视、游戏再到给明星真人组 CP，逛论坛、贴吧、微博，她们自有一套自己的"相认"法则，这使她们能够在现实生活中快速而又准确地找到身边的同好。

"仅仅是出于一种兴趣"

在访谈过程中，我们发现了一些有趣的现象，大部分耽美爱好者认为阅读耽美的兴趣使自己成了别人眼中的"腐女"，如在被问及是否觉得自己是"腐女"时，有些访谈者回答：

我觉得自己是腐女吧，看作品只看男男不看男女，看到两个男生在一起会觉得他们有问题哈哈～～而且因为耽美看多了，反而看不下去 BG 向的作品了，觉得耽美作品中的人物特别不容易，克服了很多困难。
——军军

那要看怎么定义腐女了。如果跟那些只能接受异性恋的人区分开来的话，我觉得自己应该是腐女，因为我能接受所有性取向的人，觉得他们都是平等的。
——健壮

但也有一些访谈者表示，自己阅读耽美仅仅是出于一种兴趣爱好，并不认为自己是"腐女"：

> 我认为自己不是腐女。我只是单纯地喜欢看耽美，在日常生活中如果见到男生间有比较亲密的行为，我也不会"腐眼看人基"，我也会看言情。要是只是喜欢这种文化就叫腐女的话，我就不信微博上刘昊然和吴磊的 CP 向文，有人不喜欢。——丸子
>
> 我感觉自己不是，应该只是喜欢故事情节吧，并没有看到男男就 YY 他们是 gay……——Z 同学

但是面对"腐女"这个群体，她们仍然会以理解尊重的态度去看待。

> 没什么特别的评价，只是认为每个人都可以有自己不同的喜好和追求。但是最开始拉我进耽美圈子的同学说过，她认为腐女才是更相信这个世界上有真爱的，因为她们接受同性之间也会有各种美好的爱情，更何况是异性。——丸子
>
> 我觉得腐女这个群体跳脱出网络世界应该也是对各种性取向都能够包容的一群人吧，比较有利于社会和谐吧……——健壮
>
> 我觉得腐女这个群体很正常啊，就是我的同类。——军军

尽管人们现在经常把阅读耽美的人称作"腐女"，但实际上，并不是所有喜欢耽美文化的人都认为自己是"腐女"，不过，凡是了解耽美，或者喜欢耽美的人，她们对沉迷于耽美文

化的腐女群体通常不会排斥,而是十分理解和尊重,甚至将其看作自己的同类。微博名"old先"的大V是一名原创漫画作者,他的作品《19天》以青梅竹马的两位男生展正希和见一之间的故事展开,尽管作者没有明说,但是,人物俊美、情节生动,不少粉丝都能看出这是一部耽美漫画。"old先"发布最新作品的微博下每条都有上万条转发和评论,不少粉丝经常争论这部漫画的CP到底是"炸贱"还是"贱炸",但这些粉丝中的大多数并不是真正的"腐女",她们只是被这一部漫画所吸引,能够接受漫画中的BL设定。或许她们会因此而喜欢上耽美文化,又或许看完这部漫画她们仍然会回归阅读异性恋作品的习惯中。

由于耽美粉丝群体在不断扩大,用"腐女"作为对她们的统称其实并不妥当,"耽美爱好者"在这里便起到了一个很好的平衡作用。随着社会的不断发展进步,文化呈现出越来越多元化的态势,诸如耽美这种从前不被接受的亚文化也逐渐被人们了解和接受。在耽美爱好者们看来,她们喜爱耽美,就如同人们喜欢听音乐、画画、健身一样。

"我们是一群自嗨的女孩"

对于喜爱耽美文化的群体来说,无论用早期的"同人女"、带有自嘲性质的"腐女",还是如今用"耽美爱好者"来称呼她们,她们似乎都不是很介意,大概因为称呼只不过是一个符号、一种标签,是现实社会和主流文化对她们的归类而已,她们认定自己是一群优秀的女孩。她们自娱自乐,不影响他人;她们从阅读到创作,拥有属于自己的文化资本;她们对自身的性别有清晰的认知,却也不排斥对多元性别的包容。

"圈地自萌"：夹缝中的乐园

耽美文化起源于日本漫画，二者都属于亚文化的范畴。很多人可能从来没有接触过或者也没有想要接触耽美，但是对于年少时无意间因为一部漫画、一本小说而开始了解耽美的那些人来说，耽美无疑将处于青春期迷茫徘徊的她们带进了一个迷幻世界。在这个幻想世界中，她们可能会忘记现实世界里的种种不顺：学习和工作的压力、父母的善意唠叨、对恋情的迷茫及对结婚生子的恐惧。她们沉迷于脱离现实的坚贞不渝的爱情之中，随着他们的坎坷挫折而揪心落泪，又因为他们的圆满结局而满怀感动。虽然阅读耽美只是暂时的，她们最终还是要从耽美世界离开，回归现实生活之中，耽美带给她们短暂的愉悦，让她们在自己的精神乐园里自娱自乐。

因为特殊情感是对传统异性恋模式的冲击，以及对现实生活伦理道德的忤逆，所以对于这种惊世骇俗的阅读偏好，耽美爱好者们自己也缺乏信心，更不敢为周遭非我族类所知晓，生怕一不小心就被打成异类。一如早期只能偷偷摸摸在租书店里租借耽美漫画一样，她们选择隐匿自己耽美圈中人的身份，不轻易向他人表明自己的兴趣爱好，而是借助虚拟的网络世界在线上创建属于自己的文化乐园。因为自知，耽美爱好者们尽量做到"圈地自萌"。

所谓"圈地自萌"，本是一个网络流行语，特指在自己的小圈子内自娱自乐，沉迷于自己的兴趣爱好。这类小众亚文化，往往以媒介技术手段阻隔与外界社会的联系，亚文化的爱好者也不愿意将自我的文化喜好推向公众平台，引起圈外人的误解或争议。耽美文化及"腐女"文化无疑就是小圈子文化。耽美爱好者深知自己偏爱的"BL爱"不可能为大众所接纳，因而主张在群体内部进行信息资源的交流与分享，而不用在公开场合（包括线上的公共空间）表明自己的观念并强制他人认同。耽美圈内部有着成熟的"圈地自萌"的法则,并要求尽可能遵守,不要让自己不恰当的言论给耽美群体"招黑"。知乎用户名为"Kay Garen"的网友说:"我认为的'圈地自萌'至少不会在乙女向作品里,刷男主角和男配角的CP,或者是掐CP(不限于腐向作品,一般为非官方配对之间的争执)。再比如,不会将(男)同性恋及其相关作品神圣化,贬低其他性向(有时候会出现女性歧视女性的现象)。"① 该网友提到的这些行为不仅会让不是耽美圈的人感到反感,还会让耽美群体集体排斥。在她们眼中,这是"伪腐女"的体现,当这些行为出现在不涉及耽美的公共空间中时,就会产生比较恶劣的影响,并且会影响到现实生活中的男性。

因此耽美爱好者们十分提倡"圈地自萌",以尊重为基础,把一些话题控制在一定的范围(包括区域、程度、内容)之内。在她们看来,尽管还有很多人不理解自己的兴趣爱好,但要学会自娱自乐,使自己的行为尽量不去打扰到他人,也不去为自己的群体惹来麻烦,在现实社会"夹缝"中努力创造精神栖息之地。

阅读和创作成为生活方式

如果仅仅只是阅读耽美作品,并在属于自己的小圈子里分享和交流,那么耽美爱好者们的确做到了"圈地自萌"。但她们还将关注转化成创造的动力与源泉,创造出属于自己的文化资本,在耽美文化圈中不断塑造身份认同、构建共同体,甚至对既有的社会性别观念产生冲击。

由社会学家布迪厄提出的"文化资本"泛指任何与文化及

> 她们还将关注转化成创造的动力与源泉,创造出属于自己的文化资本。

---

① 知乎问答."圈地自萌"是什么意思?[EB/OL].(2018-03-09)[2020-03-17].https://www.zhihu.com/question/28938870.

文化活动有关的有形及无形资产。尽管我们无法像对待经济资本那样对文化资本实施定量化操作，但在日常生活中，文化资本发挥着和金钱与物质财富等经济资本相同的作用。而在新媒体时代，每一个文化场域中都存在文化内容的生产者，他们将不同的文化资本转化为经济资本，甚至转化为权力资本。在耽美文化圈中，耽美创作即是一种文化资本的创造。创作者们通过分享自己的作品，为其他耽美爱好者提供"精神食粮"（俗称"产粮"），在圈子里甚至圈子外获得关注度，并拥有自己的粉丝，这会使她们拥有一定的话语权。

许多耽美爱好者在阅读耽美之初并没有从事耽美创作的想法，她们仅仅把阅读耽美作为自己的兴趣爱好，作为逃离现实世界的一种方式。那么，是什么原因促使她们从读者身份转变为创作者身份的？原因大体有以下两种情形：

一是耽美同人粉丝的创作行为。通常耽美同人粉丝是从原著粉丝身份转变而来，当原著故事情节的走向令她们感到不满意，如她们喜爱的人物在原著中死掉，或是当她们开始幻想原著中男性角色之间萌生情愫时，她们便会把这种遗憾与喜爱转换成创作的动力，通过自己动手写作，一方面表达对原著的喜爱和敬意，另一方面按自己的心愿改写原著内容，以达成心中所想象的完美。网络上曾经流传过一个"同人创作100问"的帖子，其中第97题为"为什么要进行同人创作呢？对您而言同人是？"。众多的回复表明同人创作是他们用以表达爱的方式：

回答1：因为有爱。补全爱的方式。

回答2：因为想表达自己对作品、CP、角色的理解和情感。同人是将作品与自己的爱融合起来的东西。

回答3：为了弥补看原著的遗憾。同人是一种让我表达对原著,以及原著中的角色的爱的方式。

回答4:一切都是因为爱。同人就是爱啊!

回答5:为了得到自我满足而进行同人创作。对我而言同人就是自我满足。①

(略有改动)

二是耽美爱好者长期沉浸于耽美圈,通过阅读大量耽美作品,逐渐积累起丰富的经验,便不再满足于阅读别人创作的耽美作品,甚至认为自己可以比别人写得更好,应该让别人来阅读自己的作品。与此同时,中国大陆起步于草根网民写作的网络文学鼓励了许多文艺青年撰文表达自己的情感和观念。技术不断降维后的近用性,以及便捷的作品发布渠道、互动交流平台等各种有利条件,进一步激发了人们的创作欲望。同时,受现实生活越来越快的节奏、高压力下的生存、繁重的学业等社会环境因素的影响,年轻人需要情绪宣泄的渠道、焦虑释放的通路,于是网络阅读、观看、围观、起哄等成为最易得、成本最低的解压方式,而耽美/BL的阅读、讨论、创作便是万千亚文化圈子中的一种行为,给耽美爱好者们带来释放欲望、虚构美好、圈地自萌的精神空间,使她们在沉重的现实生活中撕开一个口子,寄寓青春期一段不可复得的"精神出轨"。

耽美爱好者们将自己对原著的遗憾和对耽美的喜爱转化成创作动力,创造出专属自己的文化身份,增强了她们对群体的认同感和归属感。亨利·詹金斯在《文本盗猎者:电视粉丝与参与式文化》中评价粉丝同人创作:"写作已经成为粉丝的社会活动,既是个人表达的方式同时又是集体身份的来源。她

---

① 同人创作100问,原帖地址 http://hi.baidu.com/yumeao/item/1664f98c4b19b0c699255ff8,现已失链。

们中的每个人都有很有趣的东西和他人共享;这个小组鼓励她们完全地发展自己的才能,为她们的成就感到骄傲。"①

"我们精神层面的追求比较高"

如果说耽美爱好者们阅读和喜爱耽美作品已经对传统的父权社会和二元对立的异性恋模式造成了一定的冲击,那么从阅读到创作的转变必定会给已经固化的社会性别观念带来不小的震荡。创作意味着觉醒,意味着这些年轻的女性群体已经明白社会性别是被不断建构的。正如亨利·詹金斯所说:"耽美同人代表了……拒绝固定对象,选择更灵活的性欲投射;拒绝固定的社会性别特征,选择接受双性化的可能性。因为如今仍有僵硬且等级森严的社会性别统治着当代社会和文化经验,因此转化对男性主角的观点的背后有很深的隐含意义。"② 耽美粉丝们的觉醒使得她们将自己的性别意识投射到自己所创作的作品之中,这种关系超越了社会性别和性角色的既定分类,同时,不少耽美爱好者是通过阅读耽美从而了解同性恋这一群体的。她们将对作品中男性角色的喜爱转化为对现实生活中同性恋群体的理解与宽容。

双重粉丝:粉与被粉

"粉丝"不是一个陌生概念。不同文化领域或多或少都有粉丝现象存在,如小说粉丝、影视剧粉丝、科幻粉丝、明星粉

---

① 亨利·詹金斯.文本盗猎者:电视粉丝与参与式文化[M].郑熙青,译.北京:北京大学出版社,2016:147.
② 亨利·詹金斯.文本盗猎者:电视粉丝与参与式文化[M].郑熙青,译.北京:北京大学出版社,2016:180.

丝等，耽美文化也不例外。不同的圈子内存在着各种各样的耽美粉丝，她们因为共同爱好聚集在一起，个体通过阅读和观看作品收获体验，群体之间通过交流与讨论相互分享。比较特别的是，耽美圈粉丝群体往往具有粉与被粉的双重属性。所谓"双重"，指读者和创作者两种身份并不是固定不变的，一个人可以是耽美原著和耽美同人作品的读者/粉丝，同时也可能是创作者；一个创作者可以是别的创作者的读者/粉丝，同时也可能是原著的粉丝。在不同情境之下她们有着不同身份，存在粉与被粉的关系，因此耽美圈内的粉丝往往都具有双重属性。

> 耽美圈粉丝群体往往具有粉与被粉的双重属性。

"粉丝"与"超级粉丝"

一般来说，耽美爱好者、同人女及腐女可以被统称为耽美粉丝群体，她们彼此之间可能认识，也可能不认识，但因为共同的兴趣爱好，会聚在虚拟网络世界中，组成耽美圈。耽美粉丝群体大体上由两类成员组成：一类是读者/受众，她们最主要的文化实践行为就是阅读耽美作品并为自己喜爱的作品点赞、评论、讨论或者转发。耽美圈绝大多数参与者的身份就是读者/受众。接受我们访谈的大多数受访者都表示自己是耽美读者/受众，并经常以各种方式来表达自己对作品或者作者的认同：

> 我会在微博或者网站上留言，买实体书的时候写REPO艾特（@）作者。腐女们除了上述行为之外，一般还会疯狂寻找更多的同人文（由粉丝自己写的那种）等。我认为任何一个圈子都有自己的粉丝文化，耽美、言情都有自己的粉丝文化。 ——九子
>
> 我会关注作者的微博然后经常评论。腐女们应该会经常买书，去签售会之类的吧。 ——军军

还有一类便是创作者。通常，她们进入耽美圈时是读者，但浸润久了，阅读多了，尤其是想弥补原创不足了，或者自己脑洞大开了，就会尝试创作耽美作品，包括耽美同人和原创耽美。

耽美同人通过挪用、拆分、拼贴、重组等多种方式对原文本进行二次甚至多次创作，将原本可能不存在男男恋情的原著改编成充满耽美意味的新文本，并因此收获包括原著粉丝在内的大量粉丝。作家南派三叔的著名小说《盗墓笔记》从发行第一部开始就有着超高的人气，作品中两大主角吴邪和张起灵更是成为同人女们进行创作的两大人气主角。两位男主之间的情谊、羁绊，甚至原著中一些似有若无的台词、动作描写等都为同人女们的创作提供了大量素材。百度"瓶邪吧"（粉丝称张起灵为"闷油瓶"，即闷油瓶×吴邪的CP贴吧）有着167万的关注度和2 645万的发帖量，① 大量标有"【原创】"的帖子彰显了同人女们对于这一对CP乐此不疲的创作热情，如"【原创】《重来一遍》（无虐 沙海邪×沙海瓶）""【原创】《重回过去，我来说爱你》（重生瓶×重生邪 欢脱向HE）""【原创】《9 Days》（又名《我的天真为什么和其他人不一样》）""【原创】《你是我最美的风景》（大学校园／HE／长篇／轻松向）"等。发帖者无一例外首先是《盗墓笔记》的粉丝，其次是因为对原作人物的喜爱才开始同人创作的，如果帖子内容质量高，发帖者开帖发文后，自然又能吸引"瓶邪圈"同好们跟帖捧场，从而积累自己的粉丝。"贴吧网友狸洛樱：大大开新坑了，我现在才知道""贴吧网友夜暮之雪：围观新坑，设定好特别啊，期待天真宝宝的出生""贴吧网友：拾起青春的落

> 耽美同人通过挪用、拆分、拼贴、重组等多种方式对原文本进行二次甚至多次创作，将原本可能不存在男男恋情的原著改编成充满耽美意味的新文本。

---

① 百度贴吧．瓶邪吧[EB/OL]．[2020-02-05]．https：//tieba.baidu.com/f? kw=pa＆fr=ala0＆loc=rec.数据截至2020年2月5日。

叶：顶顶，大荒加油更，超级期待"等都是圈内人通过评论、顶帖、催更、转帖等方式来表达自己心中对同人圈内"大大"的认同。

原创耽美对于创作者的要求则更高，她们大多是"骨灰级"的耽美迷，在耽美圈沉浮多年，是名副其实的资深"腐女"，对耽美作品的背景、人物、情节架构等创作规律了如指掌，具有独立创作完整耽美故事的能力。她们在贴吧、微博或网络文学网站发布作品，逐渐积累自己的粉丝，久而久之，有些人会发展成为专业耽美写手，与相关公司签约；有些会卖掉作品版权进行影视剧 IP 改编。至此，这些耽美创作者可称为"超级粉丝"或者"创造型粉丝"。

"粉与被粉"

尽管已经明确耽美圈主要由读者与创作者或者粉丝与超级粉丝两大群体构成，但深入圈内细分起来，哪些是读者／创作者，哪些是带有"双重"属性的粉丝，哪些又是从原著粉丝转化成耽美粉丝的，情形就变得十分复杂。为便于书写，我们理出三种关系（图 3-8）：

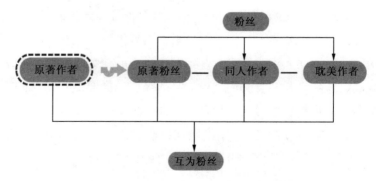

图 3-8 耽美圈主要关系图示

首先，从原著粉丝到同人粉丝再到耽美粉丝。耽美圈内有相当一部分人是从原著粉丝"跳坑"而来的，她们通过阅读原著成为原著粉丝，但由于原著的完结或是剧情走向、人物结局不符合自己心中设想，她们便会寻找和阅读原著的同人作品，延续自己对原著的喜爱。如此，原著粉丝的一部分人便转化为同人粉丝。由于大部分同人作品以原著中的两位男性人物为主人公进行二次创作，同人作品就或多或少地内隐了耽美文化色彩，成为耽美同人作品。在惊诧之余，往往主动寻找耽美作品满足自己的好奇心，成为耽美作者的粉丝。不同的是，有些人只看同人耽美，有些人只看原创耽美，而大多数人对同人耽美和原创耽美都能接受。一些经典的动漫、小说作品如《火影忍者》《灌篮高手》《盗墓笔记》等，很多原著粉丝正是出于对原著的喜爱才去阅读同人作品乃至耽美同人作品的。值得注意的是，粉丝转化过程往往有逆向情形，即从耽美粉丝、同人粉丝到原著粉丝。耽美圈有些人本身就是耽美爱好者，自然而然地会关注耽美信息、搜罗耽美作品，如果遇到趣味相同的、文字又打动人的耽美同人作品，就会被吸引，继而对原著产生兴趣，去阅读原著，成为原著粉丝。

其次，从粉丝到创作者。从原著粉丝到同人粉丝再到耽美粉丝是耽美爱好者阅读题材和行为的转变，身份并没有变化。与此不同，从粉丝到创作者则是身份的重要变更。原著粉丝对原著喜爱之情足够深厚并且阅读过大量同人作品之后，会情不自禁地开始尝试自己创作（正如前文所述，创作分为耽美同人和原创耽美两大类），这种身份的变更存在两种情况：一是从原著粉丝到同人创作者再到耽美创作者，即先成为原著粉丝，阅读、喜爱、寻觅同人创作，由此接触耽美文化，被吸引，继而沉迷，开始耽美创作。她可能会根据自己喜爱的原著作品进行耽美同人创作，以此积累粉丝，磨炼自己的创作能力，从而走向耽美原创作品的创作。二是直接从耽美粉丝到耽美创作者和同人创作者,也就是说她本身就是一名资深的耽美爱好者,在阅读了大量的耽美作品后,对耽美创作规律谙熟于心,不满足于停留在"观看"阶段,于是尝试创作,或许创作原创耽美,或许因为喜爱某部原著作品而进行耽美同人创作,从而在不同领域收获粉丝。其实,在耽美类型构成中,同人作品在题材、人物、情节设置上均有超越原作的绝对自由度,极易在原著粉丝群体之中快速传播并收获新的专属于耽美同人的粉丝群。原创耽美同样也可以在耽美同人创作基础上进一步衍化发挥,两者相辅相成。中国大陆耽美刚开始流行时,主要是对原著人物加以二次创作形成耽美同人作品,供耽美圈自娱自乐。随着越来越多的动漫粉丝转而成为耽美粉丝,耽美圈参与者人数日益庞大,相对而言原创耽美作品又供不应求,甚至无文可读,一些耽美读者/粉丝转而创作耽美原创或耽美同人也就在情理之中了。耽美发展至今,已经难以清晰地将耽美同人和原创耽美分割开来。它们作为耽美文化的两大主要形式共同构建了一个亦真亦假的幻想世界。

最后,创作者的粉丝身份。上面两种情况显示,耽美爱好者既可以具有原著粉丝和同人作品粉丝的双重身份,又可以具有粉丝和创作者的双重身份。由于耽美圈最常见的一种身份转变方式是从原著粉丝到耽美创作者转变,因此很多耽美和同人创作者在开始写作之前就已经是原著的超级粉丝,她们将对原著的喜爱转变成创作动力,在自己创作之后也收获大量粉丝,同时还不妨碍自己继续成为原著粉丝,这才有了"粉与被粉"的双重属性。进一步而言,这种身份转换是持续进行的,不会因为成为粉丝就不能成为作者,或者成为作者就抛弃了粉丝身份,这与针对明星偶像的粉与被粉模式完全不一样。耽美圈粉与被粉的关系远比我们想象得复杂,存在着各种双重属性的关系链，共同构成一个充满流动性的耽美文化圈、一个有着相同兴趣爱好和文化观念的共同体。

因此，当耽美圈受到外来"攻击"时，耽美作者和粉丝、耽美爱好者和腐女便会团结起来，一致对外，表现出强烈的排他性，这在涉及作品版权时或在与其他类型粉丝的抗争中表现得尤为明显。作家"唐七公子"的言情作品《三生三世十里桃花》涉嫌抄袭作家"大风刮过"的耽美作品《桃花债》，此后，《三生三世十里桃花》还被改编成影视剧在全国上映，这在耽美圈中引起了不小的震动。许多耽美粉丝明知耽美作者维权困难，但她们众志成城，联合起来抵制《三生三世十里桃花》，并在微博、贴吧等社交媒体上发声，与《三生三世十里桃花》的粉丝展开激烈的骂战，集体表达抗议和诉求，成为当时耽美界和网络的热点事件。

随着耽美小说 IP 化，尤其是被改编成影视剧后，耽美圈中出现了新粉丝，新粉丝所喜爱的只是剧中演员或情节，而不是粉真正的耽美原著。通常这类粉丝处在耽美鄙视链的最底端，并不被真正意义上的耽美爱好者和耽美圈所承认。

"他者"眼中的腐女和耽美

耽美以一种地下和半地下的方式经由日本、中国台湾地区来到中国大陆，21 世纪以来又受到欧美斜线小说影响，直至今日都没有改变其小众、独特、异类文化的风格，但奇怪的是耽美又是如此深受年轻人，尤其是年轻女性的喜爱和追捧，爱好者队伍日渐壮大。更加具有文化张力的是社会主导文化、主流人群及社会民众对耽美的看法，以及他们与耽美圈内说不清、理还乱的复杂关系。一方面，耽美圈声称"圈地自萌",不愿圈外人窥探到圈内世界,另一方面,随着青年亚文化为商业逻辑支配,耽美圈无论主动还是被动,时常出圈传播;一方面,耽美爱好者/腐女自我感觉良好,认为她们是一群自嗨的女孩,另一方面却为主流文化不能接纳耽美文化、合法化耽美作品而恐惧、焦虑。很显然,体现在耽美爱好者/腐女身上的迟疑、矛盾、纠结和悖论与她们所处的社会语境密不可分。那么主流媒体、社会公众是如何看待耽美文化和腐女群体的?

主流媒体:审视与不认同

作为大众接受消息的主要来源,主流媒体在参与建构耽美群体中起着关键的作用。早在2004年,南京报业集团旗下的晚报《金陵晚报》发表题为"畸形恋情让人作呕,'女性向耽美'不值得提倡"的报道,明确表达了对耽美文化的不屑与批判,"在耽美世界里有大量属'少儿不宜'内容","故事类同且浅薄,毫无文学性。不仅如此,作为一个心身健康的人看到故事中两个大男人在卿卿我我,撒娇耍嗲,娇宠调情,实在恶心,恶心到极点就成了爆笑"。这类观点一经推出,《金陵晚报》官网主页就被蜂拥而至的留言刷爆。2007年10月31日,新华网宁夏频道刊发《"耽美"文化:行走在"边缘"的唯美?》[①] 一文,以"有些改编作品亵渎了原作精神、扭曲了原作人物形象,原作里没有的同性倾向的角色,被不负责任地搬进这种BL故事里,而且向许多人错误展现了与事实不符的同性恋者生存状态""可能会对青少年的性取向产生影响""良莠不齐,不少的耽美作品中都包含有色情的成分"等观点并结合银川市"关爱心灵"心理咨询所、宁夏社科院等专家的看法否

---

① 原文链接已消失。

定耽美文化。可见，早期主流媒体对耽美的报道持审视与不认同态度，批判其对同性恋色情的描写及对原著文学性的亵渎，将耽美视为一种完全越轨的行为，认为耽美会损害青少年女性的日常生活和心理发育，可能会改变她们的性取向，容易使她们沉迷于色情等。

  近年来，社会主流的态度有所缓和，不再以"隐晦色情""畸形""变态"等词语来指代耽美，但对于耽美的质疑并没有消解。2015年8月10日，澎湃新闻报道《文化部要求下架120首网络音乐：含淫秽暴力等内容》①，其中被下架的音乐作品里有包含耽美元素的歌曲，如《耽美乱世道》（凌橘绿）、《绝世小受》（漠然）等；2018年4月16日，人民网转载《中国青年报》报道《网络"软色情"十面埋伏 当心"污文化"伤害未成年人》，提到一位家长因为女儿跟几个同学在"快看"上追一部叫《河神大人求收养》的著名耽美漫画，担心自己女儿长期沉迷于耽美漫画而将其手机软件卸载。② 2018年4月13日，新浪微博发布公告（图3-9），表示要开展为期三个月的整顿，集中清查"涉黄的、宣扬血腥暴力、同性恋题材的漫画及图文短视频内容，如包含以下特征的内容：腐、基、耽美、本子"③。这类突击整治行动在各大平台上都有所表现，体现出突发性、阶段性等特征。

---

① 中新网.文化部要求下架120首网络音乐：含淫秽暴力等内容[EB/OL].（2015-08-17）[2020-12-30]. https://www.thepaper.cn/newsDetail_forward_1362423.

② 人民网.网络"软色情"十面埋伏 当心"污文化"伤害未成年人[EB/OL].（2018-04-16）[2020-12-30]. http://media.people.com.cn/n1/2018/0416/c40606-29927053.html.

③ 知著网.微博封杀耽美，同性恋不应成为色情经济的替罪羊[EB/OL].[2018-04-15]. https://www.sohu.com/a/228359919_570240.

> **微博管理员** ✓
> 4月13日 18:55 来自 微博 weibo.com 已编辑
> #微博社区公告#为了进一步营造晴朗和谐的社区环境,微博根据《网络安全法》等法律法规的要求,严格履行企业主体责任,现开展为期三个月的针对违规漫画、游戏及短视频内容的集中清理行动。
>
> 本次行动主要的清查对象包括:
>
> 1、涉黄的、宣扬血腥暴力、同性恋题材的漫画及短视频内容,如包含以下特征的内容:"腐、基、耽美、本子";
>
> 2、含有暴力内容的违法游戏(如:侠盗飞车、黑手党、雇佣兵)及相关的动图短视频内容;
>
> 目前共清理相关违规内容56243条,关闭@宅腐18R@全微博最污@里番_鬼父@钙片叔@GTA-6@侠盗猎车手精彩推@侠盗飞车-GTA-罪恶都市@使命召唤OnLine@gta代练天蝎 等108个违规严重的账号,关闭存在违规内容的话题62个。

图 3-9　微博社区整顿耽美作品的公告截图

耽美文化的吸引力和整治过后耽美爱好者持续存在的趋势,以不同的方式促使社会大众对耽美逐渐有所听闻和了解。在此情形下,**主流媒体渐渐不再将耽美视作洪水猛兽,相关报道也慢慢平和**。比如 2016 年 8 月 4 日澎湃新闻报道《"腐女"作家如何写两个男人间的感情》①,作者访谈了著名耽美作者语笑阑珊、淮上、绿野千鹤等,叙写了耽美小说创作的故事,以期帮助人们理解这个独特的圈子/群体。2016 年 8 月 22 日,澎湃新闻的另一篇报道《里约奥运会:热衷把体育明星"配对"是一种新的粉丝文化吗》,以客观的叙事语言介绍"CP"及"耽美同人":"就中国观众受影响的最重要来源而言,CP 文化的源头是日本的耽美同人。根据日本学术界的通行观点,

---

① 莫琪."腐女"作家如何写两个男人间的感情[EB/OL].(2016-08-04)[2020-07-08]. https://www.thepaper.cn/newsDetail_forward_1508448.

始于20世纪80年代《足球小将》的耽美漫画同人志。这些同人志将《足球小将》中的男性人物配成有着同性禁忌爱的情侣，画成自己的漫画，在同人展上贩卖，在同人社群内部流通。通常认为这类二次创作是日本耽美同人的起源。"而且特意提到真人CP仅仅是粉丝自己心中的幻想，与真人无关，"需要强调的是，对于爱好CP的粉丝而言，某两个人是不是一对无关紧要，紧要的是粉丝将两个（或者更多）人根据信息和八卦配对到一起的动作和过程。也就是说，CP描述的是观众/粉丝对某两个人关系的个人解读，被配对的人原本就不需要在事实上成为一对（无论是将两者之间的感情解作情侣还是友人）"①。新浪微博也针对2018年4月13日发布的公告做出了调整，发布《本次游戏动漫清理不再针对同性恋内容》②的新公告，明确表示不将同性恋、腐、基、耽美等内容作为本次清查内容。

2014年1月，新加坡英汉双语报纸《我报》（*My Paper*）发表名为"中国粉丝迷上福尔摩斯基情"的报道，描述中国腐女对BBC电视连续剧《神探夏洛克》的狂热。报道中同时使用了"腐女"一词的汉语拼音及其英译"Rotten Women"，随后，新浪网、网易、光明网、新华网、人民网等门户网站纷纷以"中国腐女名扬世界"为主题转载了该条新闻。

从主流媒体对耽美及其群体报道的变化可以看出，耽美文化的出现和流行确实给社会主流文化带来了不小的冲击和困扰。在还没来得及了解这种独特异类的文化之前，最应急的办

---

① 郑熙青. 里约奥运会：热衷把体育明星"配对"是一种新的粉丝文化吗[EB/OL].（2016-08-22）[2020-07-08]. https://www.thepaper.cn/newsDetail_forward_1517310.

② 林迪. 新浪微博：本次游戏动漫清理不再针对同性恋内容[EB/OL].（2018-04-16）[2020-02-17]. http://it.people.com.cn/n1/2018/0416/c1009-29929828.html.

法就是先质疑、排斥、批评,这导致不明真相的社会公众对耽美产生刻板印象,引发社会的普遍不安和焦虑。在人们对腐女、耽美作品、耽美文化有所了解后,加上数字媒体时代文化多样化的社会语境,社会公众对耽美的接受度有所提高。不过,迄今为止,耽美仍然是处于社会边缘位置的小众文化,处于风口浪尖、沉浮不定大概就是耽美文化的宿命。

"圈外人":理解、漠视还是反感?

耽美圈有自己的文化,不少耽美爱好者以"圈内人"自称并尽量在圈子里与同好互动交流,获得身份认同感,并与非我族类和圈子外的人"划清界限"。当一种青年亚文化小到足以被忽视时,"圈地自萌"就有其可行性,如早期的网络文学、动漫、游戏等,但假以时日,最小的文化只要能满足受众需求,就会如小树苗那样渐渐长大成树、成林,那时,再想自娱自乐就不完全能由自己控制了。如上文如述,耽美由漫画衍生而来,借互联网快速发展的东风和中国大陆网络文学兴盛之势,获得雨露阳光,迅速壮大,此后,网络耽美小说经过 IP 化,借助强劲的资本及大众化的影视媒介载体,一跃"出圈"。今天,我们浏览网页、刷微博、逛 B 站,即使观看动漫和影视作品时,都能在评论、弹幕等中看到耽美存在的痕迹,这使圈外人对耽美也不再全然陌生。当耽美爱好者群体乐此不疲地开垦自己的精神乐园时,她们觉得自己是一群自嗨的女孩,然而圈外人到底如何看待她们,与她们的自我认知是否存在着错位?这是我们考察耽美爱好者群体时遇到的一个十分有意思的话题,但正所谓众口难调,千人千面,这个话题不太可能有统一的答案。

"知乎问答"平台有多条帖子都与"如何看待腐女?"相关①,参与回答者男女皆有,圈内人与圈外人同在,并且他们的答案很难严格区分。通览这些帖子和回答,明显感觉到在此问题上不同主张和观点的撕裂。总体而言,大概有以下一些代表性的观点:

"我对腐女没有偏见。但我喜欢对我来说三观正的腐女,不要去试图改变身边人的性向,不要对不接受同性爱的人予以敌意,不要把自己的思想强行灌输给他人,不要因为新奇或者兴趣去打扰别人的生活。对于腐女的希望:可以YY男孩子但不强迫对方接受,不给他造成困扰;不强迫非腐者接受自己的思想。"② 回答者可以代表对耽美文化有所了解的圈外人,他/她们能够分清耽美群体的喜好和耽美文化实践的特征,了解腐女与伪腐女之间的区别,与腐女保持一定距离,但对她们的文化表示理解的同时又不认同伪腐女的做法。网友"颜颜呢"表示:"喜欢耽美无非是一部分女性的个人爱好而已,所以,如果你觉得无法接受,无法承认这个人群的存在,这就不得不让人先怀疑你是否是带着偏激、带着歧视、带着一种不可抗拒的非理性来看待这个问题了。而我想表达的,就是腐就只是一个个人标签,平等于微博控、园艺控、音乐控等各类个人兴趣。在我的个人观点里他人的爱好皆为平等,我判定一个人是去看他的本质(是否值得去结交?是否有正常三观?是否能客观地看待事物?)而不是他的一些小小爱好。"③ 正如她所言,对于

---

① 如"谁能客观评价一下腐女?"(1 435条评论,1.4万个赞);"男生们对腐女怎么看?"(16条评论,88个赞)"为什么有人讨厌腐女?"(111条评论,769个赞)。统计时间截至2020年6月19日。
② 请问,如何看待腐女和同性爱[EB/OL].(2016-07-21)[2020-02-28]. https://www.zhihu.com/question/52909869.
③ 大家怎么看待腐女和反腐女?[EB/OL].(2015-08-16)[2020-02-28]. https://www.zhihu.com/question/34349404/answer/59430772.

大部分耽美爱好者来说，耽美仅仅是她们生活中的一个兴趣爱好。

不少网友在回答帖中提到真正的腐女与伪腐女之间的差异（上文我们已做过区分），这在圈内是非常容易分辨的，但圈外视角就未必能理得很清楚。网友"Joyce Zhu"表示："我不是腐女，但是我烦死那些眼里只有腐的腐女了，好好的夏洛克第三季以腐为卖点，去bilibili看《龙门镖局》刷陆三金和八斗之间的感情，能不能正常看电视剧，能不能正常生活了？不能有兄弟情谊了吗？以前身边的腐女腐一些男男情我都是沉默，因为我一向觉得只要不影响我，没有必要干涉别人的生活。现在觉得是时候揭穿某些伪腐女的真面目了。"① 对于大多数圈外人而言，真正令人反感的不是耽美文化本身，而是打着"腐女"旗号将一切都耽美化的做法。这类做法试图影响别人，为腐而腐，被消费潮流左右，也是真正的腐女所不齿的。

> 对于大多数圈外人而言，真正令人反感的不是耽美文化本身，而是打着"腐女"旗号将一切都耽美化的做法。

有人极端喜爱也必然会有人极端反感。百度贴吧中有关耽美的"吧"非常多。"耽美吧""腐女吧"是其中的大吧，有几百万人关注，"反腐女吧"代表了另一派，也有十多万人关注。"反腐女"百度百科词条的定义为"'反腐女'一词字面意思是以'反对腐女'为目的行为。在国际上，反腐女主义又称QXR主义。反腐女之人士均以社会道德公民出身，特立反腐女之旗号，打击腐女"②。从帖子的讨论情况来看，"反腐女"所反的内容大多数与"伪腐女"的言行相关，如"只有同性才有真爱""异性恋都不完美"等观点，以及凡是看到两个男性的互动，也不管什么场合就能自己脑补一出男男爱情大戏，并在与

---

① 如何看待腐女和伪腐女[EB/OL].（2014-02-12）[2020-12-16]. https://www.zhihu.com/question/22460835/answer/37536278.有删减。

② 反腐女[EB/OL].[2020-12-16]. https://baike.baidu.com/item/%E5%8F%8D%E8%85%90%E5%A5%B3/8767446?fr=aladdin.

耽美根本无关的作品中宣扬"腐",同时看不起现实生活中的同性恋群体,认为只有长得帅的男性才有资格谈恋爱……这些不仅会让圈外人感到反感,更是让真正喜爱耽美的人觉得无奈。在百度"反腐女吧"中,被置顶的帖子里就有明确的吧规:"本吧没有反所有的腐女,反对的是有以下行为的腐女:腐女传销邪教式洗脑正常女性;向小孩子灌输 BL;非腐向视频里刷 BL 弹幕/污染视线;公众场合意淫/败坏社会风气;高调宣扬基腐文化;排斥或贬低 BG 向和乙女向,也反对有类似行为的百合男。"① 接受访谈的一位男性也表示:"我觉得耽美说到底就是一种意淫。其实本身喜爱虚拟世界中的角色可以理解,但是现在有很多腐女将这种喜爱上升到了真人身上,就是所谓的站真人 CP,对此我只想说'圈地自萌'可以,但在不确定对方是否接受这种文化的时候请不要强行输出,不要太为这种文化找存在感,因为一旦过度就会过犹不及,十分败好感。"(西川)

可见,那些不是真正喜爱耽美,而是为了腐而腐的"伪腐女",无论是在真正的耽美爱好者还是在耽美圈外人眼中,都是令人反感的,但仍然会有那些对耽美一无所知的人,不加区分地把伪腐女的言行视作整个耽美圈所为,从而对耽美文化产生误解和误判。

无论主流媒体的从业者,还是耽美文化的圈外人,对于耽美圈和耽美文化的看法与耽美群体的自我认同之间还有着很大差异。误解、错判、冲突既不是哪一方的错,也不是一日之寒造成的,而是现实社会语境、性别隔阂、代际差异等多种多样的因素导致的。尽管改革开放四十多年来,社会大众的价值观

---

① 反腐女吧[EB/OL].[2020-12-16]. https://tieba.baidu.com/f?kw=%B7%B4%B8%AF%C5%AE&fr=alao&tpl=5.(2021 年 5 月 20 日复查,置顶帖已无)

念和恋爱婚姻观念已经发生了许多改变,但根深蒂固的社会结构模式并不是那么容易改变的,异性恋是正当的、正常的,而同性恋是越轨的、非正常的,尤其是年轻女性幻想出的男男之爱,很难获得文化正当性。中国大陆的大众媒体代表了社会主流文化的价值观,对耽美的态度不太稳定,有时表现出包容和开明,有时也很容易给耽美和腐女贴标签,从而加深社会公众对耽美文化的刻板印象。当然,腐女低龄化趋势也导致越来越多的伪腐女出现,她们在公共场合一些非理性的行为给社会公众,尤其是其他群体造成严重困扰,招来圈外人对耽美的反感和排斥。如此,尽管真正的耽美爱好者认为可以"圈地自萌",认为自己是一群自嗨的女孩,认为自己拥有喜欢何种文化的权利,但媒体和圈外人的质疑和批评还是让她们感受到了压力、紧张和无奈,这也是许多耽美爱好者选择默默隐藏"圈内人"身份的原因。归于宁静,圈地自萌,在一定程度上压抑了耽美群体的创造性和参与社会公共话题的可能性。

青少年女性幻想美男子之间的爱恋与情欲是耽美文化的本质内核。耽美圈的青少年女性自身的性取向大多数为异性恋，却沉迷于特殊情感的传达和描绘。青少年女性所幻想的爱的魔方——耽美有何独特之处？是复制还是颠覆了传统世俗的婚恋模式？在阅读和书写男性情欲中青少年女性是否生成了一种独特的代入机制？

耽美文本：世俗婚恋的复制者抑或颠覆者？

中国大陆耽美文化来自日本的漫画BL文化，也受欧美斜线文化影响。BL文化、斜线文化与耽美文化一脉相通之处是青少年男性间爱恋与情欲幻想，即所谓"永恒的爱情故事＋终极的配对神话"。不过，从文本角度来看，日本耽美／BL文化的元文本是漫画作品，欧美斜线文化的元文本是影视作品，中国大陆耽美文化的元文本则要复杂许多，既有日本漫画，又有欧美影视，更多是中国大陆的小说和影视节目；从文本再现方式来看，日本耽美／BL的主体是原创和同人BL漫画作品，欧美斜线文主要是基于影视作品的同人小说，中国大陆耽美的主体则是耽美原创和同人小说。当然，耽美／BL／斜线文发展至今，早已突破单一再现方式，逐渐延伸至耽美小说、耽美广播剧、耽美游戏、耽美影视、耽美音乐等。本章我们集中于中国大陆耽美小说文本的分析。

耽美文："爱"的独特表达方式

耽美文化在中国大陆的发展与互联网的普及使用和数字技术持续迭代更新有着密切关联。互联网发展之初，受硬件设施简陋、带宽速度不够、资费昂贵等原因限制，耽美文化从日本绕道中国港台地区进入中国大陆之后，并没有足够的条件沿着日本耽美漫画路线向前发展推动中国大陆耽美漫画的创作，而是朝着文字文本的方向迅速发展。换言之，中国大陆读者接触日本耽美漫画，由漫画进入耽美世界，而当她们自己开始创作耽美作品时，首选的媒介载体却是耽美小说。这既与早期从事耽美创作的女性群体自带"文艺青年"的情怀和才气不可分割，也与高校BBS／论坛活跃和文学网站大量涌现息息相关，甚至可以说，与文字写作的投入成本最低也有关系。时至今日，耽美小说仍然是文学网站阅读量较高的文本之一。

> 耽美小说的人物比较具有冲突性，他们之间的化学反应比较吸引我，让我感受到了他们之间的爱意。现在看同人作品的话是因为原著中的两个人物都很吸引我，就想看一些由他们衍生出来的同人作品。
>
> ——健壮
>
> 因为耽美小说看多了，觉得耽美小说中的人物为了爱真的特别不容易，克服了很多困难。
>
> ——军军

耽美读者选择耽美文的理由虽然各不相同，但都有一份相似的感动，即她们能从作品中感受到主角之间超越现实、脱离现实的"爱"：一种不向困难低头、彼此扶持、无比纯洁的爱情，这样纯粹的爱情在现实生活中难以遇到。从现有耽美文来看，主要有两大类型，即耽美同人小说和原创耽美小说。前文我们对两者的差别和共性做过详细分析，概括来说，两者相同之处在于耽美主题和情态。两者的不同之处在于素材来源：前者是二次创作，有原著作为元文本，人物、情节、环境等基本设定来自原著；后者无摹本，人物、情节和环境等基本设定均为原创，换言之，原创耽美小说除了题材特殊外，创作范式与一般文学作品的创作规律并无殊异，耽美同人小说则与原著存在千丝万缕的联系。不同的关系就生成了不同的创作范式。

耽美同人小说的创作范式

同人创作指以各种形式对某部作品进行二次或多次创作，耽美同人小说创作是其分支之一。耽美同人小说的题材主要来源有小说、影视剧、历史、动漫、游戏等文本，当下已经发展至真人，如明星偶像、社会公众人物等。这些文本/人物与BL/耽美无关，而耽美同人文本却在此基础上，赋予两个男主人公或两个男性之间男男爱特质,演绎出他们之间的故事。

亨利·詹金斯在《文本盗猎者：电视粉丝与参与式文化》一书中用两个章节阐述了同人小说创作和耽美同人创作。他以当时美国最流行的电视剧《星际迷航》同人创作为例,详细描述了同人小说出现、发展成同人志和粉丝群体出现的过程。他认为:"写作已经成为粉丝的社会活动,既是个人表达的方式同时又是集体身份的来源。""粉丝们'对待电视剧的方式就像对待弹性橡胶',拉扯其边界以包裹自己的思考,将其中人物重新抟捏以符合他们的需求。"詹金斯引入伊芙·科索夫斯基·塞吉维克讨论经典文学中男性气质时的概念"男性同性社交欲望"分析耽美同人,认为耽美同人将男性同性社交欲望中的障碍物移去,将男性友谊中蕴含的情色面表现出来。在詹金斯看来,男性与男性之间其实是有着社交欲望的,只是被男性权威所强制执行的异性恋状态刻意忽视而已,而耽美同人文对男权文化所规训的男性社交的碎片化、疏离化表达提出了批判。① 比较有意思的是,中国大陆耽美同人创作的内容逻辑暗合了这样的价值意义,虽然詹金斯讨论的是电视时代的美国耽美同人,而我们所侧重的是网络时代的中国大陆本土耽美同人。由此可以认为,媒介技术发展改变的是耽美同人创作的信息来源、表现方式及耽美圈的互动方式,很少变化的恰恰是耽美同人创作的主题和内在规律。

耽美同人小说的创作方式主要采用解读、挪用和重构策略。亨利·詹金斯将电视时代美国耽美同人创作具体化为十种重写方式,包括背景重设、扩展原文本时间段、重聚焦、道德重置、类型转换、混合同人、人物错置、情感强化、情色化

---

① 亨利·詹金斯. 文本盗猎者：电视粉丝与参与式文化［M］. 郑熙青,译. 北京：北京大学出版社,2016：193-195.

等。结合詹金斯的论述,同时根据互联网时代中国大陆耽美同人小说的创作特点,我们将同人文本的重写概括为以下五种类型:

完整地演绎原著。这是指将影视剧、动漫或者游戏中的人物直接拿来进行耽美同人创作,并不对原著中的故事背景、人物设定和情节走向做过多的改变,只是将其扩展出新的故事情节,并不会违背原著的基本设定,这和将耽美小说进行影视化、动画化有着异曲同工之处。

改写原著。对原著进行多种样式的重写,包括重设背景、扩展原著的时间段等;不限于原著的情节脉络与人物关系;在原著搭建的基本故事结构上或延续情节发展或拓宽人物关系,有时还会完全打乱原著中的故事安排,甚至改变故事原有的发展走向。

人物移植与错置。这种重写模式抛弃原著故事背景和基本设定,仅仅借用原著人物或人物关系,并将他们从原有的环境中移出,将其错置在新的环境中,赋予他们新名字和新身份。也就是说,原著人物仅仅为耽美同人创作提供了人物基础,最终同人粉丝们创造出来的作品和原著有极大不同。

混合同人。指耽美同人创作时所依据的原著不止一部,不同作品中的人物出现在同一部同人小说中并展开新的故事情节。这种重写模式不仅打破了文本之间的界限,也打破了原著在类型之间的界限,比较常见于依据动漫作品人物重新创作的耽美同人作品,如将《火影忍者》中的漩涡鸣人,《死神》中的黑崎一护、朽木白哉等人置入相同的时空背景之下,讲述他们彼此之间发生的新故事。

根据现实人物进行同人创作。这种重写模式写的不是文化艺术作品中的符号化人物,而是现实生活中的娱乐明星、体育明星甚至政治人物,与粉丝偶像崇拜有较大程度的重叠。耽美同人写手依据这些人物的背景构想出一些情节，或者干脆赋予人物新的身份和背景，重新设置故事发生的时空背景，以此表达对明星偶像的喜爱之情。如粉丝们把前EXO组合成员鹿晗和吴世勋组成的CP称为"勋鹿"，她们经常会创作一些关于这两人的耽美故事在粉丝圈中传播。

耽美小说创作的类型化

随着耽美文化在中国大陆的迅速传播和发展，耽美文本逐渐出现类型化的创作特点，即作者会按照类型去创作，阅读者也会按照类型选择自己偏爱的耽美作者及作品。

> 我比较喜欢很虐的耽美，基本上不看有美好结局的。最喜欢的作者是谦少。我心中最经典的五部作品：《明恋》《相见欢》《默读》《九转丹砂》《西北有高楼》。
> ——丸子

> 喜欢的类型很广泛，现代、古风的都看，这要看文章的质量。最喜欢的作者是巫哲。最喜欢的五部作品：《竹木狼马》《昨日夕朝》《黄金骨》《最强王者》《影帝们的公寓》。
> ——Z同学

> 倾向于比较现实向的作品吧，稍微有点虐更好。最喜欢的作者是晓春，但是对这个作者接触比较少。清单我大概列不出来，因为读得不是很多，但是有一些排行榜很有参考价值。
> ——健壮

> 我比较喜欢古早、狗血的文章，偏向于现代都市类型，最喜欢的作者是水千丞、颜凉雨。
> ——军军

不同的访谈者们都有各自选择的耽美作品类型。那么，耽美小说有多少类型呢？以晋江文学城为例，首先将耽美/纯爱分为原创和衍生（同人）两大类，视角方面有主攻、主受、互攻、不明四类，时代设定维度有近代现代、古色古香、架空历史、幻想未来，类型方面则有武侠、奇幻、科幻等二十多种，标签方面更为详细。读者根据自己的阅读意愿，可以对上述设定进行自由组合，方便发现自己所喜欢的类型。为了行文方便，我们在访谈基础上，结合文献资料，从耽美文本主要男性角色的关系入手，将耽美小说最受欢迎的类型归为以下五种，并分别加以解读。

强攻弱受文：复制异性恋模式

"强攻×弱受"类型是耽美小说中最为经典和常见的一种类型。在这种类型的作品中，受方往往是较为柔弱的一种形象，与传统言情小说中的女主角颇为相似。他们有着难辨性别的绝色容貌，或者看似柔弱无骨、气质怜人，或者会卖萌撒娇、楚楚动人，与传统言情小说中的小鸟依人的女性角色相比，除了性别为男外，其他没有太大区别。诸如"身材纤瘦""眉眼如画"等词语在强攻弱受文中都属于受方所拥有，相反，这一类型的攻方往往拥有成熟男性的所有特征：帅气俊朗、身材挺拔、成熟性感、意志坚定、事业成功。攻受双方之间的故事要么甜宠无限，要么虐恋情深，即高富帅"攻"与平凡普通"受"。

关于攻受在职业方面的设定，沟口彰子的研究发现，在日本耽美漫画中，攻受反映出现实生活中性别职种的不均衡和不平等，最典型的表现为攻从事早九晚五的工作，是艺人或建筑工人等，受多从事小说家、插画师、漫画家、译者等在家工作的职业；如果攻受处在同一职场，如同在古典音乐界，则攻方是指挥者，受方是演奏者，"在同一职场上，攻受仍有男女职种的区别"①。与日本情形不尽相同，中国大陆耽美小说中攻受双方的职业设定比较多样化，再加上时空设定，攻受职业有三个特征：一是复制社会性别化的职业，攻的职业多为医生、公司总裁、影帝，或者皇帝、元帅、将军等，受则多为明星、化妆师、宅男、侍从者等；二是攻受在同一职场中表现出"攻主受次"的职业等级特性，拟仿了男强女弱；三是受方无职业或学生身份的占有相当大的比例。而在攻受组合中，职业相逆的情况极少出现，由此可以断定，攻受职业分布基本上复制了异性恋关系中男主女次的搭档关系。

攻受双方从相互吸引、相互爱恋，到一起生活，谁负责日常生活中的家务事呢？比较有意思的是，耽美小说中不再复制传统家庭生活中的性别角色。晋江耽美作者南枝创作的《曦景》中，小攻和小受是高中同学，小攻溺爱小受。高富帅的小攻在认识小受之前从来没有做过家务事，但为了小攻，他学习做饭、洗衣、打扫卫生，能做的他做，不会做的也努力去学做。相反，耽美小说中很少有受如此默默承受所有家务劳动。一些耽美文中由家政人员负责家务，一些耽美文干脆不涉及家务劳动。少数作品中可能会有受方负责家务事，但归根结底，耽美世界逃避了现实中生活琐事给情感带来的纷扰，没有心不甘情不愿做家务事的"家庭主妇"。

在"强攻弱受文"中，如果忽略掉受的身体性别，故事情节可以还原为传统男女爱情故事，是对异性恋模式的典型复制。受方与攻方一起经历磨难、颠沛流离，遭遇困境、产生误解，但最终心意相通，有情人终成眷属。在此过程中，受方在精神上、情感上、肉体上所承受的"虐"状态，类似于男权社

---

① 沟口彰子. BL进化论：男子爱可以改变世界 [M]. 黄大旺，译. 台北：台北麦田出版，2016：79.

会中女性在两性关系中的真实生活状况。为什么耽美女性作者和阅读者愿意将两个男性之间的关系想象成男女情爱关系呢？如果我们以此问题去询问写作者和阅读者，她们的回答基本是：已经刻意忽略了传统社会刻板化的男性和女性的性别气质，而是选择了该角色应有的性别气质，只不过，刚好受方有着比较柔弱的、楚楚可爱的阴性气质。很显然，受方必须同时具备异性恋模式中的女性代言者身份，以及直男的男性符码，由此构成了引人注目的性别紧张关系：其一，外表富有传统的女性气质，而内心并不柔弱，甚至锐气逼人，在日常生活中充满雄性气质，因而透露给阅读者的信息是纯男性的，只是长相很美很精致而已。其二，受方作为异化的男性角色携带着强烈的具有女性自主选择权的欲望——在男权主导的现实生活中，女性长期处于被支配地位，遭受来自工作、家庭、社会等的多重压力，而施压者往往就是男性，沟口彰子认为异性恋模式中的女性在现实生活中很难退出自身的女性角色，"对于那些移情在'受'身上，乃至于与'受'一体化的读者而言，既扮演言情故事中的女方，又能确保自己直男身份的'受'角色，更让'要不要成为女方（受）的权利，就在女性手里'的幻想得以实现"①。因此她们逃进耽美世界，令男性代替女性出场，成为"被看"和"被主导"的角色，以此来释放女性压力，获得精神上暂时的满足。其三，强攻弱受文中常常会有强暴情节。试想，如果强暴发生在异性恋关系中，加害者为男性，受害者为女性，那将是女性读者无法承受之痛、无法接受之侮辱，而在耽美幻想世界中，攻对受的强暴往往"不是恶意的性

> 受方必须同时具备异性恋模式中的女性代言者身份，以及直男的男性符码。

---

① 沟口彰子. BL进化论：男子爱可以改变世界[M]. 黄大旺，译. 台北：台北麦田出版，2016：82.

暴力，而是在一种荒诞的过剩爱情表现前提下产生的行为"①。强暴行为虽然会被攻受周边的朋友非议，但强暴动机却是为了向"受"传达所谓的爱意。这种暴力设定通常是为了证明受之魅力，或者让攻出场保护受，或者证明攻出于爱意对受遭受他暴的过去不存芥蒂。他者强暴和攻之强暴在耽美文中有着本质不同，前者比较典型地复刻出异性恋模式中的"女性受害者"形象，后者是一种情感的复杂表达。

在现实生活中，女性受害者从此就有可能被说不清道不明的社会力量所诋毁、污辱，被流言压得抬不起头来；而耽美世界中他者强暴的对象是男性而非女性，激起的不是污辱而是攻（男性）对受（女性）的加倍呵护。为什么男性被强暴，就不存在贞洁焦虑，不受贞操钳制？从这个层面来说，即使是表面拟仿了异性恋模式男女性别关系的"强攻弱受文"，也体现出耽美爱好者们对传统社会性别关系的思考。

强攻强受文：英雄相惜的暴力美学呈现

与"强攻弱受文"有着明显差别的"强攻强受文"是两个男性强者之间的力量比拼和情感纠葛，风格鲜明，在所有耽美文类中最受欢迎。处于爱情故事中的双方都是强者身份，不仅力量均等、地位相当，而且不管是在日常生活还是在爱情关系中双方常常存在一种对抗关系。通常他们处于两股势力的顶端，要么是黑帮领袖和豪门贵族，要么彼此都是王侯将相或商界精英……他们之间的情感仿佛狮虎爱情，在争斗和对抗中产生，也在争斗和对抗中永恒。这样的爱情更像由英雄间的惺惺相惜升华而成，故事开始时双方都不会坦承自己对对方的感

> 处于爱情故事中的双方都是强者身份，不仅力量均等、地位相当，而且不管是在日常生活还是在爱情关系中双方常常存在一种对抗关系。

---

① 沟口彰子. BL进化论：男子爱可以改变世界[M]. 黄大旺，译. 台北：台北麦田出版, 2016：90.

情，只有在两人不断较量中，感情才终将冲破理智。

"强攻强受文"的爱情故事属于两个真正的强者，他们不需要谁去保护谁，也不需要谁去迁就谁。这一点有别于异性恋言情小说中的一方——女性总是不可避免地被安置于弱者位置，因而总是需要被呵护、被关怀、被包容，也不同于人们对两性地位差异的刻板印象。作者对强者间爱情的想象和描摹往往通过字里行间独特的语言来传达，爱情双方的对抗与挣扎也在作者的文字间流转。因此，创作"强攻强受文"的作者大多精通文学技巧，具有比较高的文字驾驭水平，在圈内有一定的知名度，如创作《生死之间》的 Fox、创作《强强联手》的璧瑶和创作《冲撞》的晓春等。

"强攻强受文"大多在宏大叙事中铺陈华丽的语言，详细地描述主角从敌对到相知、再到相爱的过程，突出了他们之间英雄相惜的珍贵情感。创作者们往往不吝笔墨，细致地刻画主角的互动与较量及他们内敛而又热情如火的相处之道，这一点反映了她们自身对男性力量的沉溺，对义气及忠孝思想的迷恋。她们运用精练溢美的语言，把英雄间的相惜与男性力量上的对抗以一种暴力美学的方式呈现出来，将其中的形式美感发扬到了炫目的程度，特别是对受方那百折不挠的内心、坚定昂扬的意志的抒写与吟诵简直无法不令人动容，有时甚至使整部作品都渲染上了一种悲剧的英雄主义氛围。对比她们笔下的爱情，仿佛没有经过战争、名利、荣辱和生死考验过的爱情就不能被称为爱情。创作者通过驾驭独特的语言在作品中营造一种张力，激发并延续读者对来自均等力量抗衡的暴力快感的审美与崇拜。

"强攻强受文"获得耽美爱好者们的普遍赞誉，故事情节中攻受双方那种势均力敌的相爱相杀，非常虐心，也俘获了年轻女性的芳心。这样的人物关系设定折射出耽美爱好者对于男女两性关系的理想化想象，即希望在与男性的情爱关系中获得彼此平等的地位，而这恰恰是现实生活中所缺失的。当然，有些作品刻意为之，用力过猛，使受方过于突出，甚至会令攻方看起来显得偏弱，不免有些许矫枉过正的色彩。

> 人物关系设定折射出耽美爱好者对于男女两性关系的理想化想象，即希望在与男性的情爱关系中获得彼此平等的地位。

虐恋文：关于"虐"与"痛"的美学

虐恋描写不是耽美作品的特有产物，在异性恋言情小说甚至现实生活中都存在虐恋现象。因此，耽美小说中的虐恋并不是腐女们凭空想象出来的，而是现实生活虐恋行为的一种折射。对虐恋活动专注描写的虐恋文是耽美小说另一个比较重要的创作类型。在上文提到的访谈中，为数不少的受访者表示自己偏爱虐文。

> 我比较喜欢很虐的耽美，基本上不看有美好结局的。
> ——丸子
> 我倾向于比较现实向的作品吧，稍微有点虐更好。
> ——健壮

列举一些网友推荐虐恋文时撰写的文案以进一步感受此种类型耽美文的特征。顾晚树在"耽美虐文推文合集"中推荐《重生之深爱》，标题：季斐死了，罚他永远活着。推荐语："不及黄泉不相见，季斐不想见他，他唯一能做的，只能是活着。活着，痛苦地活着……如果一切可以重来，他必用一生呵护他，照顾他，还他一个灿烂人生。"在推荐《如人饮冰》时写道："许朗是冰。他本来也是温和的水，只是这世界太寒冷。他不得不结成冰，好让自己坚强一点。他什么都没有，所以也就显得什么都不想要，才会看起来不那么可怜。他是许朗。他不需要任何人。他需要的，只是那个叫郑熬的、有着漂亮眼睛的小男孩，曾陪他走过童年最黑暗的梦魇，而后各走各路，分道扬镳。偶尔，他会梦见自己小时候，梦见郑熬带着自己爬到高高的屋顶看日出，景色如画，岁月正好。除此之外，别无他物。"① 另一位网民推荐《天资愚钝》时写道："破镜重圆型，受生在黑暗里遇见了那束光，想尽办法，耗尽心机地靠近喜欢的人，然后被温暖被放弃被消失，受有摆脱不了的噩梦，但还要好好活着，有人问爱一个人是什么样子，爱深一个人爱惨一个人就是活成了他的样子！好看！"② 不能爱己所爱，又不能随他而去，独留自己承受无边无际的孤独和痛苦，还无处诉说。如此虐文，带给耽美爱好者"虐"与"痛"的快感。

  虐恋文类型中两位主人公的感情和生活道路通常都十分坎坷，作者似乎有意让他们经历一波又一波的挫折，将故事情节或人物命运安排得异常曲折，他们之间或是有着血海深仇，或是因为误会反目，抑或是遭遇病痛、车祸等诸多不幸，明知读者的心理期待却又不断改变情节发展走向，在主角人物关系走向暗淡时又给予新的希望，吊足了读者们的胃口。如同网友"倚剑刻舟"说的："通篇文章读下来，读者也跟着文中情节抓紧了心，紧得喘不过气，紧得抓破心脏，哪怕上面还流着血，也不敢放松一丝一毫……除了撕心裂肺之外，她们似乎更想令读者来个精神崩溃之类的，最低程度也得叫你郁闷好几天才放

---

  ① 顾晚树. 耽美虐文推文合集（二）附文案[EB/OL]. (2020-03-30)[2020-04-05]. https://zhuanlan.zhihu.com/p/121061248.
  ② 吃不吃鱼. 耽美虐文推荐[EB/OL]. (2020-07-17)[2020-09-01]. https://www.zhihu.com/search? type = content & q = % E8 % 80 % BD% E7 % BE% 8E% E8 % 99％90％E6％81％8B％E6％96％87.

过你。"① 如果说虐心文在行文中虐的是人物角色的精神状况，那么虐恋故事虐的则是读者的敏感神经，带给她们一次次"痛苦"的阅读体验，并令她们深深沉醉于这种虐心历程。

　　虐恋文类型吸引人之处在什么地方呢？网友"吃葡萄皮不吐葡萄"说道："这样的人（指读者）一般都有着丰富的内心世界，渴望感受特别浓烈的情感，甚至幻想自己能有这么一段痛彻心扉的感情，想用力去爱、去受伤、去痛苦、去撕心裂肺……有人觉得这种心理扭曲不可理喻，但这难道不是渴望爱的表现吗？内心渴望爱到麻木，靠这么极端疯狂、虐恋缠绵的情感去刺激自己的内心，去体验去感受。不能不承认的是这类人其实并不成熟，是幻想一族，他们一般都外表大大咧咧，泪点高，可是内心与外在矛盾，爱刺激爱冒险，不安分的内心时刻有着小躁动。"② 可以看出，选择看虐文的读者，与她们现实生活的境遇有着密切关系，她们在现实生活中的压力、无趣、悲伤甚至寂寞等情感都可以借由阅读虐恋文得到宣泄，匿名网友写道："觉得很孤独的时候就会看，然后更孤独。自虐倾向，泪点低，喜欢自虐，很有快感！虐到自己哭，哭到不能自已，然后睡觉。虐得很爽！爽！我也不知道为什么。别人都是觉得现实如此残酷了，就看那种甜文，可是小说再虐能虐过现实吗？"也许，现实生活中的虐是细水长流式的，只有痛苦，没有爽，耽美文犹如戏剧，将弥散在现实中的痛苦加以汇聚，从而放大，读者在虐恋文中代入自己，与主角一起经历人生大喜大悲，虐到死去活来，沉浸在虐心的体验之中。

---

　　① 倚剑刻舟. 倚剑刻舟眼中的耽美[EB/OL]. (2005-11-23)[2020-09-01]. https://tieba.baidu.com/p/67291246?red_tag=1272164381.
　　② 吃葡萄皮不吐葡萄. 喜欢看虐文的人都是什么样的心态？为什么他们越看越high？[EB/OL]. (2015-07-12)[2020-09-12]. https://www.zhihu.com/question/22702346/answer/53586260.

需要指出的是,这种类型的"虐"表现在身体暴力的情节上,会引起读者的身心不适,特别是尺度大的作品会对低龄读者造成不良影响,所以这类题材充满争议。尽管作者们把自己能够想到的暴虐都写进了文中,展现人物的血与痛,但这并不代表她们自身就有施虐或受虐倾向,也许她们只是喜欢这种短暂幻想里的刺激罢了。在一场场暴虐的性幻想中,她们安心作壁上观,消费着肢离骨碎、血肉横飞的场景,在叹息与战栗中,既慨叹爱情的激烈之处,又置身事外,毫发无损。

虐恋文很考验作者写文的功力和价值观,既需要很好的情节构想,又需要好文笔,情感跌宕起伏也要求张弛有度,如果不能让读者从字里行间感受到强烈情感波动的前戏和后续,只是为虐而虐,这对作者和读者无疑都是一场灾难。

穿越文与重生文:幻想世界中的主宰

穿越文与重生文其实是网络小说中比较热门的题材,讲述人物(或其他)因为某些原因经过某过程(也可无原因无过程)从自己所在时空进入另一个时空所发生的故事。穿越和重生的构思来自科学小说中的时空旅行。穿越小说和重生小说题材上是一种创新,能让写作者放开束缚,在古代与现代时空的碰撞和摩擦中寻找到一个奇特而令人悸动的故事。

最早的穿越小说并不是耽美小说,只不过后来穿越这种题材被言情和耽美写作大量采用了而已。耽美穿越文中的穿越按状态分一般有两种:一种是"灵魂穿越",即A时空的灵魂穿越到B时空的肉体。其中,比较多出现的是穿越后性别发生了转换,往往是穿越后由女性变为男性,在B时空中与另一位权高位重的美貌男子相知相恋。这种情况又称"女穿男"或"女变男"。穿越文中"女穿男"题材完全可以当作异性恋言情小说来处理,相比其他耽美小说,仅剩男男恋外壳。"女穿男"

文通常以一系列的麻烦和误会推动情节发展，直至所有问题都得到了解决，一般以喜剧形式结尾，加之行文中常有多处搞笑情节描写，因而娱乐性较强。另一种是"原身穿越"，即A时空的灵魂和肉体整个穿越到B时空。这种类型的小说中，穿越后的人物往往担任受方，在B时空中苦苦寻找理想伴侣，并运用自己在A时空掌握的知识和经验帮助攻方征服天下。

穿越文牵涉到了不同时代和交错人生，给读者带来新鲜的阅读体验。如果说其他类型的耽美文还可能找到一点现实的影子，穿越文则丝毫现实的写照都没有了。它是写作者一种单向度的恣意幻想，她们借以在其中探索和表达自己，从而留住一些打动自己或他人的意念片段，以及那些将触未触的细微震撼。在这一场恣意幻想中，情感快乐和梦想欲望得到了最多渲染，读者和写作者一道打开贯通古今的通道，得以完全逃离现实，进入纯粹想象的世界。

重生文，顾名思义，是指主人公因为某种原因保留自己的记忆回到过去（一般都是因为死亡），重新开始生活。与穿越文有着相似的想象，只不过，重生文的主人公（一般为受方）只能回到自己的过去，而且主人公生前可能因为各种原因受到虐待，背负深仇大恨，重生之后往往会进行复仇，与另一方重新开始一段更加纠缠的爱恋。

相比较于其他类型的耽美文来说，穿越文与重生文故事发生在一个完全架空的世界，可以忽略现实背景，不受现实生活和社会伦理道德约束，主人公可以自由地、毫无负担地表达自己对彼此的爱意，并共同面对困难和挑战。作者成为自己幻想世界中的主宰者，凭借天马行空的想象为主人公编排故事，宣泄情感；读者同样也可能摈弃肉身所处的环境，与故事主人公一起遨游在幻想的世界中。

ABO 文：超越日常的性别设定

ABO 是 Alpha、Beta、Omega 三个单词的缩写，这种设定起源于狼族的社会模式，是欧美同人圈常见的三大设定之一，早期多用于耽美同人小说，后来发展到中国并与中国本土耽美文化相结合衍生出耽美 ABO 文。

通常情况下，耽美 ABO 文的故事情节都发生在一个柔弱的 Omega 男性（受方）和一个强壮的 Alpha 男性（攻方）身上，并通过这种设定完成对普通耽美文中"某攻 X 某受"的类型包装，其实这仍然是一个耽美故事，但因为设定荒诞超乎日常生活，所以给读者带来了异样的阅读体验，而且在这类作品中，Omega 男性被设定为可以生育，如此，专属于女性的生育特权就消失了。女性似乎不必出现在故事情节当中，看似是一种"缺席"，但作者通过这种方式让男性体会到现实生活中女性生育时的痛苦和出于繁殖目的所发生的性爱，由此，隐含了女性的"在场"。不过，让男男之间有生育结果的写法有违耽美所信奉的纯粹爱恋，再加上不涉及传统意义上生育和抚育后代的本义，容易导致耽美爱好者的厌恶和抵触，ABO 类型在耽美作品总体中占比并不是太大。

耽美小说的不断商业化，毫无疑问迫使写作者不断求变，荒诞不经的类型随之不断出现，可谓无奇不有，虽然数量不多，但各有自己的小众读者群。不过，由于这类耽美小说过于挑战社会伦理道德，极为容易误入歧途，是大多数耽美爱好者唯恐避之不及的雷区，难以得到认同和发展。

性别幻想的集体书写

在现实生活中，女性由于生理体质和世俗规范的影响，往往在两性关系中缺乏安全感。传统婚恋关系对女性又苛求颇多，依凭她们自身力量很难冲破现实生活中传统观念的桎梏，因而她们利用虚拟的、想象的耽美世界完成对自我意向中理想的性别关系的书写。

美男子

美型，顾名思义就是外形上很俊美的意思。耽美作品追求的是给人以最纯粹的美的享受。无论原创耽美还是耽美同人，都遵循美男的根本原则。尽管有些耽美爱好者认为只要是男男真心相爱，就会真心支持，不会在意对方是美是丑，是圆是扁，但实际上更多的"腐女"还是坚定地认为"绝对美型"是必不可少的。

> 更多的"腐女"还是坚定地认为"绝对美型"是必不可少的。

在耽美作品中，有关美的描述可谓无处不在。创作者尽情塑造自己心目中最完美无缺的男性形象——潇洒、帅气、俊美，还无比浪漫、温柔、体贴。她们不惜笔墨，极尽华美辞藻，精细地描画男主角的绝世面容。

> 缭乱他眼的浅紫原是怀中少年的发，滑如锦缎垂若瀑布光可鉴人，一对小巧的圆眉下碧眸清亮，想是由于刚刚的突坠，此刻灿若星辰的眼中带着微微的迷蒙，五官精致肤如凝脂，有淡淡的清香自少年身上传来……（《倾立乱世醉紫殇》　作者：凌斐影）

> 那是个年约二十岁的青年，皮肤是冬天初融的冰雪，一头银发吸取了月亮的精华，闪动着清冷高傲的光辉……他的五官清雅脱俗，唇角微微扬起，笑容温柔，宛若吹拂着整个大陆的春风，让人从心中温暖起来。（《龙眠之都》　作者：月光宝石）

在作者们的笔下，几乎所有男性主角都有着雕塑般的完美外貌，而且多是美型、纤细的翩翩少年，外形上有些俊朗，有些柔和，有些清秀，甚至还有些则比较妖娆……当然，在耽美作品多元化的今日，主角的类型已不限于此，但外表依旧必须是好看的，甚至他们的一举一动仿佛也都是在诠释何为美丽和美好。除此之外，性格也是作者着力渲染的要素，男主们或冷峻坚毅或温柔多情，或真诚善良或果敢机智，或高贵强势或随和有礼，或才情满溢或幽默乐观……耽美作品中男性相貌和性格的理想化搭配将耽美爱好者心目中憧憬的异性形象完整地勾勒了出来。

非但耽美作者着力描写人物的俊美容颜（包括唯美的人物造型和服饰细节，甚至一举一动都力求给人以极致美感），而且耽美阅读者在耽美贴吧、耽美论坛、豆瓣和知乎等讨论区所展开的大量讨论也是关于美型议题的：

美男都不会逃过偶（我）滴（的）法眼滴（的），偶（我）有美男雷达，hiahia①～～

帅哥看着多养眼呀，能缓解咱的审美疲劳……

可我知道能入得了她的镜头的只有一种——帅哥。

用相机，用 PS，用我们活泼的思维，把他们 YY 进全世界腐女的心坎里！

我对帅哥没有免疫力的，谁会想看丑的东西啊……人是有趋美性的吧，我觉得。

（略有改动）

---

① Hiahia，网络用语，类似于拟声词，表示一种调皮、得意的笑声。

真可谓无美不欢，无美不谈，耽美爱好者将一种纯粹为美而美的需求推向极致。现实生活无法完美，而耽美世界作为梦想国度，使完美成为可能，并且所有耽美爱好者都能参与欣赏和创造完美男性。由此，美型成了 BL 的必要条件之一。

幻想中的纯爱乌托邦

网友"分桃"在《我自横刀向天笑——当同人女成为人民公敌!》一文中对 BL 为何吸引同人女是这样解释的："其实同人女感兴趣的是男人与爱情。有一群女孩，她们有感于 BG 恋的现实与无奈，希望能够寻找到一种更加纯粹的爱……就这样被美化了的 BL 深深吸引了这群女孩，于是她们就成为同人女。"① 身为女性，多少都会对爱情产生些许幻想。女性心目中的爱情应该是单纯的，不受任何限制的，不关乎性别、身份、地位、种族。耽美爱好者对男性间特殊感情赋予了浪漫想象，认为这种爱情不以功利为目的，也不以繁衍为归结，是不掺杂质的、纯粹的爱情。

在耽美作品中，两名主角间的感情时常被设置了无法介入也无法切断的羁绊，强调两人的相爱只有彼此。这种情感的描述是耽美爱好者为了心中对美好爱情的向往所营造的乌托邦。耽美作品还常常呈现出"主角彼此相爱，这种相爱不会改变，唯一特别的只是因为对方刚好是男性"这样的执着。在我们所做的访谈中，多数受访者对此都持认同态度，认为耽美中的爱纯粹且完美。

> 因为他们之间不会讲钱啊身份啊家世啊什么的，这种感情不会被世俗给污染了。
>
> ——受访者 B

---

① 原帖于 2005 年 4 月 28 日发表在天涯社区，现已删帖。

> 男人一般不会屈服和依附于另一个男人……我觉得这种感情似乎更多平等……
>
> ——受访者 E

在耽美文化中,"纯粹的爱情"这一意义不断被展现、提及,反映出异性恋女性对现实生活中不可得到的完美爱情的憧憬与渴望。在耽美作品描绘的纯爱乌托邦里,人类彻底超越了两性的性别差异,抛却了对爱情对象的性别执着。耽美爱好者在这里对爱情及爱情中的另一方——男性做着自己独特的注解,满心欢喜地将其理想化,痴心追求爱情真谛,切身实践真爱理想。

平等独立婚恋观的投射

在耽美作品着重描写的恋情中,主人公们无论在身体上还是在身份上都是相对平等的。两人初识时或许一强一弱,但在个人成长和情感相伴过程中,强者变得温柔,弱者变得强大,相携相伴,互相成就,成为耽美创作中最重要的人物关系和情节模式。Priest 是晋江文学城知名耽美作者,代表作品有《镇魂》《山河表里》《有匪》等。2015 年创作的古风类小说《杀破狼》(图 4-1),最先于中国台湾出版,2020 年由湖南文艺出版社出版简体字版。作者自己将两位男主角长庚与顾昀组成的 CP 界定为"温柔贤惠病娇年下攻 VS 废柴聋瞎受",从

图 4-1 Priest 耽美文《杀破狼》封面

字面意思来看仿佛攻受双方都比较弱,但追完全文就会发现,尽管长庚一身病骨,顾昀一体残躯,但他们同样强大,强大到足以并肩,强大到足以相互托付感情和抱负。

  小说开篇时,长庚只不过是虚岁不满十四岁的少年,身世成谜。十四年来,作为不被允准诞生的皇子,长庚流落民间,遭遇无数非人的折磨与苦难,直到被国之战神顾昀收养,才感受到人生第一缕温情。自此情之所至,一往而深。尽管蛊毒深重、噩梦缠身,一旦分不清噩梦和真实就有可能失控发疯,但性情坚忍的长庚在少年尚未长成时就已学会将沉重埋压心底。在顾昀担心长庚会哭闹着随他远走边关所以不辞而别后,小说如此描写长庚对义父顾昀爱恨交织的复杂情感:

    长庚心里所有的负面情绪被发作的乌尔骨成百上千倍放大。
    这一刻,顾昀好像再也不是他小心翼翼托在心里的小义父,而是一个他无比憎恨,迫不及待地想要抓在手里、狠狠羞辱的仇人。
    长庚死死地攥住胸前挂着的残刀,手指被磨平了尖角的残刀活活勒出了血痕。
    在无限麻木中异常清晰的疼痛惊醒了长庚,他本能地找到了一条出路,十指狠狠地抓进了肉里,在自己手臂上留下了一串血肉翻飞的伤。
    ……………
    他没有哭。
    可能是没力气了,也可能是因为刚刚流过血。
    选了流血的路,通常也就流不出眼泪来了,因为一个人身上就那么一点水分,总得偏重一方。
    长庚方才与那个注定要与他纠缠一生的敌人交了

一回手，输得一塌糊涂，也见识了对方的强大。

只是他奇异地没有怕，像雁回镇上他在秀娘房里独自面对穿着重甲的蛮人时那样。

他态度温和，但是任何东西都别想让他屈服。

唔……除了顾昀。

——Priest《杀破狼》第 26 章

与顾昀分离让长庚真正意识到只有变得强大，才有理由、有能力与顾昀并肩出行。于是，长庚行走江湖，得窥人心所向，逐渐从执拗孤僻修炼成八面玲珑、人情练达。蛊毒噩梦磨炼他的心志，少年情深给予他动力，最终长庚走出安逸生活，走向宽广天地，成长为力挽狂澜、重整河山的中兴之帝。

顾昀是名将世家出身、公主之子，少年挂帅抵御外敌。故事开篇时，顾昀是手握重兵的国之战神，是群狼环伺下国家的脊梁和铠甲。他平日里表面上惫累慵懒而内藏君子仁心，一上战场则有铁血手腕，杀伐决断。对百姓来说他是声威赫赫、保卫家国的定海神针；对外族而言他是难以攻破的铜墙铁壁，是可怕的敌人与对手。顾昀的强大显而易见，在所有人眼里他似乎永远是坚不可摧的，以至于他习惯了没有亲人、茕茕孑立，习惯了忍受病痛残疾，内化了"为外祖家的江山殉葬"的使命感。长庚的出现使顾昀从不言表的辛酸第一次真正被人看在眼里、放在心上。长庚的成长蜕变源于对顾昀的爱意，虽然长庚本身也是仁义善良的人，但遇见顾昀之前他根本没有慷慨报国的想法。长庚只是把顾昀放在心上，越来越了解他、懂他，把这个身影刻入骨血，成为执念，认同他的坚持和努力，心疼他的无奈和形单影只。因为有了顾昀，长庚才有了战胜令人抓狂的蛊毒和继续爱这个世界的勇气；因为顾昀心中有家国天下，长庚才努力想要去了解、去接近顾昀的理想和热血。

"我……我想看一看,"长庚道,"了然大师以前跟我说过,心有天地,山大的烦恼也不过一隅,山川河海,众生万物,经常看一看别人,低下头也就能看见自己。没经手照料过重病垂死之人,还以为自己身上蹭破的油皮是重伤,没灌一口黄沙砾砾,总觉得金戈铁马只是个威风凛凛的影子,没有吃糠咽菜过,'民生多艰'不也是无病呻吟吗?"

——Priest《杀破狼》第43章

长庚彬彬有礼地跟迎面走过来的小沙弥互相行礼,不慌不忙地回道:"我少年时就看着义父房里不可避世的字长大,后来又跟师父走遍山川,一口世道艰险不过方才浅尝辄止,岂敢就此退避?此身生于世间,虽然天生资质有限,未必能像先贤那样立下千秋不世之功,好歹也不能愧对天地自己……"

"……和你。"

最后两个字长庚隐在了喉咙里,没说出来。

——Priest《杀破狼》第48章

"我想有一天国家昌明,百姓人人有事可做,四海安定,我的将军不必死守边关,想像奉函公一直抗争的那样,解开皇权与紫流金之间的死结,想让那些地上跑的火机都在田间地头,天上飞的长鸢中坐满了拖家带口回老家探亲的寻常旅人……每个人都可以有尊严地活。"长庚握紧了他的手,将五指探入他的指缝,亲昵地缠在一起。

顾昀一呆,这是长庚第一次跟他说出心中所想,说得他都有些热血难抑。

——Priest《杀破狼》第79章

对顾昀而言，长庚从身世孤苦的小小少年一路成长，不仅给他带来久违的情感上的温暖，还让一直以来孤勇地支撑家国河山的他有了帮扶和后盾。这也使得顾昀对长庚的感情不再仅仅是义父对义子的怜悯照顾之情，拥有共同的理想与追求加深了他们之间的牵绊，从互相认同到互相倾慕的转变就自然而然了。

《杀破狼》成功塑造了长庚和顾昀这对 CP，让很多耽美读者为之动容。《杀破狼》在晋江文学城的作品评分 9.9，在完结高分榜上位居第五。长庚与顾昀之所以受到追捧和欣赏，是因为他们之间平等独立的美好爱情。论理想，长庚与顾昀都胸怀天下，愿力挽狂澜、共赴国难；论事业，他们携手扛起家国重任，换来江山稳固、海晏河清；论感情，两人多年相伴，唇齿相依，细水长流，最后得以相守。故事中顾昀坚守边疆，长庚苦战朝堂，证明了他们的自信、自立和自强，互为依靠，却绝对不互相附庸，如此平等独立又相互信守的美好爱情正是女性渴望而难以在现实生活中拥有的幻想。

打破性别传统印象

耽美作品含有大量对主人公身体和主人公之间性爱场景的想象和书写。女性读者可以通过创作和阅读进行窥视，这与现实生活中男性作为观看主体、女性作为被看客体的情况截然相反。

尽管看上去耽美作品中受方和传统性别关系中的女性似乎处于同样弱势／次要地位，但实际上在同为男子体魄的情形下，攻受关系类似拍档和伴侣，不是依附或依存的关系，两者可以互为主客体。《魔道祖师》中的蓝湛（攻）是出身仙门世家的名门公子，性格冷静端肃，不苟言笑，魏无羡（受）同样出身名门世家，但性格不羁、爱笑爱闹，后又修习鬼道，叛离正统，越发随性而为，成为百家讨伐的反派人物。蓝湛对魏无羡一见倾心，但性格使然，在情感发展线上表现比较被动，只是在醉酒之后偶尔吐露心声；魏无羡对蓝湛的感情是逐渐滋生，慢慢发展的，但因后知后觉没有发现蓝湛对自己的感情，一直沉浸在单恋状态，热情、勇敢，又似有若无。

中国古代男性爱存在着固定、鲜明的权力构架，年长、富有、权高者充当主动方，反之则为被动方，绝少角色互换的例子。传统文化中的男风组合大多是异性恋组合的戏拟，复制了男尊女卑的不平等地位。与此相比，现代女性创作的耽美作品试图打破"主导—服从"的异性恋模式。在《魔道祖师》中，攻受之间的爱是很大程度上由受方主动推进的。因此，耽美小说中的受方常常被处理成具有绝对人身自主权、思想自由的形象，不存在攻方对受方的象征性阉割，这与传统性别关系中女性主体性被剥夺迥然不同。

耽美文化是专属女性的文化，主要由女性创造，也由女性消费。耽美文化在中国大陆的发展与女性意识觉醒是不可分离的。女性由被书写者转身为书写者，并从"被看"角色转身为"观看"角色，将男性的外貌、身体、爱情、性爱作为观赏对象，尤其是将男性的同性爱作为把玩内容，的确从极限上挑战了传统的性别刻板印象和男女两性关系。幻想也好，意淫也罢，耽美爱好者在二次元的虚拟世界中无所顾忌地把高高在上的男权、只能仰望和依靠的男性倒置在观看乃至凌虐的位置，反映出女性对两性情感的诸多理想化的想象，她们也不再藏匿自身需求和欲望。

面对传统社会刻板化女性及女性无处不在的弱势地位，女性无力抵抗，只得逃避至虚拟的、想象的文化艺术空间和网络空间中宣泄情绪，想象美丽新世界，由此撬动固化的社会性别结构。退一步而言，即使耽美乌托邦面对现实生活不堪一击，

> 女性由被书写者转身为书写者，并从"被看"角色转身为"观看"角色。

至少也唤醒了耽美爱好者对女性主体性的认知。

"远离同志"

男性间特殊情感是耽美文化的"元叙事",耽美爱好者也沉醉于这类特殊的情感关系中不能自拔。那么,耽美与男同性恋有着怎样的关联和区别,耽美爱好者是否也一样悦纳男同呢?这是一个非常有意思的问题。拥有广泛阅读者的耽美文化与同志文化是否可以画等号?耽美爱好者能否像接受特殊情感那样平等地看待现实生活中的男同关系呢?不过现实情形表明,大量有关耽美文化讨论的内容,以及反耽美文化的言论都明确表明了两者水火不相容。

耽美主题论坛"耽美闲情"讨论版有一句话被论坛成员奉为金科玉律,即"珍爱耽美,远离同志"。这句话的意思是,即便耽美描述的是一种男男恋情,但这种恋情只能存在于乌托邦式的梦幻空间里,与同性恋题材文学作品中的男性爱恋不同,与现实生活中的同志关系更是截然不同。

通过对耽美作品《双程》和同性恋作品《蓝宇》的比较分析,我们可以看出 BL 作品和同志作品的主要差异。《双程》描述陆风和程亦辰两个男子命运纠缠几十年的故事。两人从相识、相恋、分离到重逢,再到相互伤害和重归于好,充满紧张激烈的矛盾关系。但是,这些矛盾和冲突通常只局限于与主人公成长密切相关的家庭、学校、公司等小环境,即小打小闹、小情小爱,没有更多的社会因素牵扯进来,表现出典型"青少年视角"的特征,即只关心自己生活小圈子的人事环境,而无心也无能关注更具结构性的社会环境。从这个意义上可以说,唯有在"架空"世界里,"耽于美好"才可能实现。同性相爱的禁忌,在 BL 作品中只是人为的设定,无论作者,还是阅读者，大家都心知肚明，禁忌只是一个写作要素、一个关键设定，在于令围绕男男爱恋的世界有着更多想象的浪漫桥段，使行文更具冲突性和可读性而已。

男男相恋成为推动情节发展的关键要素，创作者在此设定下展开少女情怀的创作。具体表现为：首先，陆、程两个男主人公相处模式仍旧留有普通男女朋友之间的情愫，比如陆风跟外校学生打架以后程亦辰对他的态度——猜疑、妒忌、和好，代入异性恋没有任何违和感；其次，陆、程国庆出游，陆风是呵护角色，程亦辰是需要被照顾的角色；再次，陆、程两人各自都有了后代，此种巧合只存在于戏剧性的创作中；最后，历经伤害，两人之间仍存有刻骨铭心的爱恋，历久弥坚。陆、程两人突破重重障碍的爱恋，历经悲剧和喜剧，暗含深意的结局则满足了阅读者的心理和情感需求。

同志作品故事发生的背景通常不是"架空"世界，而是镶嵌在社会现实之中的。首先，与耽美作品主要由女性群体创作、阅读，为女性群体代言不同，同志作品的创作者主要是男性，他们尝试通过写作表达自己的情感体验。电影《蓝宇》改编自小说《北京故事》，由网络作家筱禾创作，原载于第一本网络杂志《花招》一九九八年十月号，讲述两个男人蓝宇与陈捍东之间的感情故事。如果说《北京故事》还带有一点言情色彩，据此改编的《蓝宇》则是纯粹的同志电影。其次，同志作品深植于现实社会背景，是典型的现实主义作品，而耽美往往是"架空"作品，即使故事发生在现实时空，也不会与社会大环境有真实的联结。《蓝宇》故事背景是改革开放十年后的北京。特殊时期的政治、经济和文化气息与人物性格和情节发展紧密勾连。无论分合，男男之间的爱和性都深为环境所牵扯。陈捍东，北京商人。蓝宇，家境贫寒的大学生。陈、蓝邂逅后产生感情，却迫于社会压力分手。陈捍东因贪污公款身陷囹圄，蓝宇知情后则卖房救陈。故事虽然动人，但可以看到男男同性恋者远不如耽美BL之恋那样可以超越社会环境的限制。最后，同志作品性描写比较直接，充满征服的欲望，而耽美作品虽然也不乏性的展现，但基调不是征服、占有和控制，反倒是在力量拼比中表现出势均力敌的美感，带有浓烈的唯美、浪漫气息。

接受耽美文的读者对现实生活中的同性恋者会持有怎样的态度呢？创作和阅读耽美作品，有助于她们更好地理解和支持同性恋吗？要回答这样的问题，我们得重新回顾耽美作品的几个基本设定：一是"耽于美色"，无论攻方，还是受方，都必须有高颜值，必须俊美帅气。近年来大量耽美电视剧制作和播出，却被许多耽美爱好者讽刺为"耽丑剧"，并加以抵制，其中，最重要的原因就是演员颜值不高，不符合耽美爱好者的想象。二是唯美爱情。耽美爱好者所喜爱和追捧的恋情，除了外表要美外，两人之间的爱情也必定美好浪漫、超凡脱俗，而不会囿于柴米油盐的平凡俗世。总体来说，读者对于"美"有着强烈要求，热衷幻想美少年的美好恋情，而不是现实生活中平凡普通、无奈压抑的同性之爱。因此，"现实向"耽美作品在所有耽美作品中占比极少，也就是很少有耽美作品愿意将背景设定为现实世界，而且相当数量的耽美作品把现实生活中男同性恋真实生活视作"雷点"，唯恐避之不及。"雷点"是网络用语，意指不可触碰的底线。与耽美世界中主人公们的真诚深挚、纯洁无瑕、执着无悔相比，现实生活中的同性恋者面对的世界的确要糟糕许多，形婚、骗婚、滥交等同志群体的日常行为显然不符合耽美爱好者的审美期待，无法被她们忍受和接受。

晋江文学城"非天夜翔"作品《北城天街》是一部现实向耽美作品。故事以北城天街为时空背景，讲述主人公林泽在寻找人生伴侣中所遇到的人与事。因为作品是以作者的邻居为原型创作的耽美小说,所以有着极为浓重的现实生活的痕迹。这是通常抽离现实的耽美小说比较忌讳的,因此,作者在推出此作品时写了两个版本的推广文案,其中一版为"扫雷版文案":"重口现实同志向,CP 不明,换攻有,浪子有,便当有,圣母有,我这么爱你你为什么不爱我有,小白菜有,边缘人群有,形婚有,骗婚有,互攻有,精英有……"① 所谓"扫雷"就是提醒阅读者那些通常不被耽美爱好者接受的"雷点",由此可见,"现实同志向"被视为"重口"、遍布"雷点",需要谨慎阅读,这可被认为是耽美爱好者对"远离同志"口号的一种切身实践。

当然,现实向耽美作品《北城天街》触及了复杂、真实的同志生活,但小说毕竟是小说,与现实仍然隔着不可逾越的天堑。

大多数耽美作品奉行"爱情至上""真爱无敌"原则。在这种脱离现实的乌托邦式幻想当中,现实生活中同志群体的生存现状并不是耽美爱好者关注的焦点,日常生活的烦琐与沉重——这恰恰是现实生活中难以回避的真实——通常被简化甚至跳过。在这种情况下,耽美群体"珍爱耽美,远离同志"似乎就比较容易理解了。一方面,耽美是女性的集体性别幻想,BL 作品所描写的角色并不立于现实基础之上,而是女性天马行空的随意想象和理想情爱世界。另一方面,沟口彰子提出了耽美作品的"恐同公式"。这里所谓的"恐同"主要表现在耽美作品中的两个男性都不会承认自己对同性有兴趣。沟口彰子概括道,典型的剧本通常是这样的公式:刚开始时 A 男一定

---

① 清水纪子. GAY 圈里的那些事,很适合 GAY 们看的(现实)[EB/OL]. (2012-10-11) [2020-03-15]. https://tieba.baidu.com/p/1915959379?red_tag=2828482229. (有删改)

会犹豫像自己这样的直男不可能与男性谈恋爱，但是慢慢地会逐渐承认自己的感情中带有爱情。B 男也是直男，对于同性间的性爱怀有排斥，甚至厌恶，但不知从何时起，B 男终于理解 A 男对他的爱是货真价实、纯粹而崇高的，也就解开了道德束缚，回应和接纳 A 男的爱。即便已是这样的关系，两人仍然坚持自己是没有同性恋倾向的正常人，也就是对同性情谊没有任何兴趣的直男。因而，耽美男男之爱"既充满了异性恋规范，也充满了恐同倾向……这里厌恶的对象，并不是同性间的性行为，而是男同志的身份认同"①。这样就比较容易理解，耽美作品描写男男之间的恋情和性爱，却又对真实世界中的男同性恋者有身份认同障碍并视之为"雷区"的悖论。

女性的缺席与在场

如果说耽美文本以讲述男男爱恋为核心叙事，那么，与此直接关联的便是女性角色在耽美文本中的缺席，而矛盾之处在于，耽美文本又主要是女性书写、女性阅读、女性传播的，不能不说女性全程在场。具体而言，女性在耽美文本中的"缺席"主要表现为：耽美创作者写作文本，或耽美接受者阅读文本时，都对女性角色选择性地忽视，或者弱化，或文本中干脆没有女性角色，即使有，也只是无足轻重的小配角，文本甚至将女性做反面化处理，以推动两位男性主角的情感发展和升华。在耽美同人作品的角色选择中，原著中的女性自然是不可能成为故事主角的，即使在耽美爱好者社区的讨论中，议题和焦点也始终只会是男性主角，而女性鲜有提及。

---

① 沟口彰子. BL 进化论：男子爱可以改变世界 [M]. 黄大旺, 译. 台北：台北麦田出版, 2016：65.

尽管女性在耽美文本中"缺席",可是耽美文本的创作、阅读、传播和讨论者又以女性为主,也就是说,尽管文本中女性角色存在感很低,但在文本的人物关系、故事情节、时空背景及最终结局方面,女性又拥有绝对的话语权,有强烈的"在场"感。在英语中,"在场"(Presence)指"(of a person) the fact of being in a particular place",即人存在于某个特殊的地方。耽美爱好者的主要活动阵地是互联网,网络空间是虚拟现实,为参与者带来远距离在场的感觉。耽美爱好者在创作、阅读和传播的行为过程中,建立和规范了以论坛、贴吧、文学网站为代表的耽美社区的发帖和交流规则,因此,尽管在耽美作品/文本中女性缺席,但所有原则和规则都是由耽美爱好者们协商确定的,也就是说,女性让自身认可的审美标准、爱情想象、性欲望"在场"表现,传递女性的价值观。

《星际迷航》系列电影中,两位男性角色——舰长寇克(Kirk)和大副斯波克(Spock)并肩作战的友谊成为许多耽美同人创作的素材。基于电影影像基础,同人作品更多表现为MV耽美作品。网友"超烦豆先森"上传的耽美同人MV《情非得已》就是以Kirk和Spock的感情变化为主线进行二次创作的。电影原著中Kirk是一个拈花惹草的男性形象,而Spock则是一个严肃认真、谨言慎行的人。同人MV作品配上了歌曲《情非得已》,重新剪辑、编排了Kirk和Spock各自的童年时光、成长蜕变,两人的第一次见面、误会、争执、共事,成为星舰上的队友和战友。两个人初次见面的画面正好映衬"难以忘记初次见你,一双迷人的眼睛"的歌词配乐,这一场景,电影原著里有火药意味的对视在MV的气氛烘托下演变成为富含深意的视线胶着,因而奠定了此MV的基调。

《星际迷航》是一部科幻题材的影视作品,是描述未来世界里人类与外星种族一起战胜疾病、种族差异、贫穷、偏执,建立起一个强大文明的长篇故事。探寻未知的银河系是作品的主旨所在，寻找新的世界、发现新的文明、散播和平与理解是其重要的框架结构。故事发展中充满了各类天马行空的想象、严谨的世界观、丰富的硬核科技知识，也不乏深厚的人文主义关怀。但在大多数 Kirk / Spock 耽美同人作品中，上述原著背景、框架结构和人文情怀都被碎片化地置于镜头远处，没有成为创作者改编时的重要"原材料"，唯有两个男性角色之间的感情发展成为再创作的焦点。这从一个侧面反映出耽美同人作品着力于远离纷扰和世俗，突出强调极端纯粹爱情的创作观念。

正如上文所谈及的那样，耽美是女性集体性别幻想，表达女性所推崇的平等独立的婚恋观，并解构性别关系中的男性权威。女性的性别意识、审美价值和情欲取向暗含在耽美作品的一字一句中，女性化的想法和书写左右着耽美故事的发展和走向。

> 女性的性别意识、审美价值和情欲取向暗含在耽美作品的一字一句中，女性化的想法和书写左右着耽美故事的发展和走向。

从人物塑造的角度来说，耽美文中的人物往往在爱恨上至深至诚，处理感情较为极端、纯粹。情有独钟、长相厮守这种单纯、稳定、长久的关系常常是主角爱情追求的终极目标，如《魔道祖师》借蓝家祖先蓝安的故事，用寥寥数语暗示读者蓝家人对"天定之人"的执着痴心。作者将这位蓝家先祖的红尘往事概括为"为遇一人而入红尘，人去我亦去，此身不留尘"。蓝忘机身为蓝家后人，沿袭先祖之风，同样坚守专一爱情。

毫无疑问，蓝忘机这类用情专一、深挚淳厚的男性形象其实是许多女性心目中理想的男性爱人，她们也将目之所及、思之所想中"最美好"的一切都倾囊给予了他们。当然，耽美文本中人物的多样性决定了耽美作品中不会只有蓝忘机这样极致钟情的角色，其他类型同样也深得耽美爱好者喜爱，或者两位主人公相遇之前，可能拈花惹草、处处留情，但一旦遇见即刻就能浪子回头、痴心不改。还有一些作品标准更高，往往会设计主人公在遇到相守一生的伴侣之前没有性经验。一往情深、守身如玉、为我改变，如此这般的人物设定和情感发展，折射的是女性对异性的情感欲望。正是在这个意义上，我们说即使女性没有以角色身份出现在耽美文本中，但女性无处不在，她们关于情、性、爱的欲求借由男男爱恋表露无遗，女性从未"缺席"。

　　总体来说，虽然耽美作品讲述男人们的爱情故事，女性在耽美文本中处于角色缺席状态，但是耽美文本主要是女性主导创作和阅读的特殊文类。她们以女性审美偏好、女性价值取向和女性情欲想象书写、阅读和讨论，并将之投射在男主人公之间的情爱故事里，峰回路转一般地让自身"在场"。

耽美文本的创作来自生活，又超越生活。阅读耽美文本是享受一个人独处的时光，暂时性将自己与生活的现实时空隔离开来，投入另一个充满幻想的世界，体验特殊的情绪和情感。在沉浸式的阅读和耽美文化的长期浸润中，作为耽美爱好者的个体是自如地游走于这两个世界，还是在迥异且对立的价值中迷失自我？

阈限时空：游走在现实和想象之间

作为"阈限空间"的耽美文化

  由创作—阅读—传播—交流所构成的耽美爱好者社群,无疑是一个乌托邦的世界。耽美文本中男主人公无可匹敌的颜值只应天上有,他们之间无论经历多少风波、多少坎坷,至死不渝,无怨无悔。那么与耽美世界对应的现实社会又是如何的呢?腐女们可能不无偏颇地认为,这是一个与乌托邦对立的"敌托邦"世界了。比如,如果找男朋友,颜值当道,恐怕失望会远远大于希望;颜值高、财富自由的演艺界明星,刚刚高调秀恩爱,转身就可能互揭短长,常常引人感叹"再也不相信爱情了";为真爱而谈婚论嫁,必将面临门当户对、有房有车及大量嫁娶费用的压力,在严苛现实面前,真爱无比脆弱。由此,大量适婚青年推迟婚期,甚至恐婚。据国家统计局调查数据显示,中国结婚人数于2013年达到20年峰值后就逐年走下坡路,越来越多的年轻人不想结婚,甚至选择不婚主义。现实社会的婚恋与耽美世界的爱恋可谓有天壤之别。当然,这样比较或许过于武断,但耽美文化的参与者、爱好者们不是每天都在这样断裂的两重天地之间穿梭,过着亦真亦幻、半真半幻的生活吗?耽美世界由幻想建构起来,耽美爱好者的精神自由地游弋在由互联网构筑的天地之间,物质性的身体却又必须在现实世界中生存。精神和物质、情感和身体如何融为一体,如何自洽呢?幻想与现实两端之间非真非假的阈限时空,或者说纯粹乌托邦想象的耽美文化是否有助于年轻女性抵御日常生活的现实性?传统的、保守的现实生活反过来又如何影响她们对耽美世界的想象和认同?为了设身处地理解表面对立矛盾的文化实践,我们将耽美文化实践视为处于"阈限"时空之中的独特的文化实践。

"阈限（Liminality）"一词来自拉丁语"Limen"。"Limen"可直译为"门槛"，事实上，"阈限"概念最初的提出者法国民族学家/民俗学家范热内普的原意即"门槛"（法文为 Seuil），指过渡礼仪中区分屋内屋外的中间地带，一个境地到另一个境地、一个世界到另一个世界的仪式和人的内心世界的进程。① 英国著名人类学家维克多·特纳在范热内普的基础上进一步发展了"阈限"理论，其突出贡献在于突破范热内普有形的、物质性的阈限/门槛，将此延展到社会性层面，从社会结构、社会角色等入手探讨阈限/门槛，认为阈限是从正常社会状态中分离出来的一段时间和空间。② 换言之，一方面，阈限空间既可以是物理性的，也可以是社会性的，既可以是具体的，也可以是抽象的；另一方面，阈限空间的组成不仅是空间性的，同时也是时间性的，时间和空间成为阈限空间成立的两大基本条件。

　　在讨论阈限时空时，范热内普基于弗雷泽、泰勒、哈特兰、朗格等人类学家和民俗学家研究的成果，并结合世界各地民族志的材料，研究诸如部落与国家的边境、村落和庙宇的出入口等过渡地带，怀孕与分娩、诞生与童年、成人礼仪、订婚与结婚、丧葬等过渡礼仪。也即研究内容包括了过渡地带（空间）和人生阶段（时间）两大类，强调从一种状态到另一种状态的过程，聚焦于不同阶段之间的模式化关系。维克多·特纳的研究基于他对赞比亚恩登布人仪式的社会学调查，有关阈限空间的讨论突出体现在其《象征之林——恩登布人仪式散论》的第四章"模棱两可：通过仪式中的阈限阶段"，此后多部论

---

① 阿诺尔德·范热内普. 过渡礼仪［M］. 张举文, 译. 北京：商务印书馆, 2010：10.
② 维克多·特纳. 仪式过程：结构与反结构［M］. 黄剑波, 柳博赟, 译. 北京：中国人民大学出版社, 2006：168-169.

著对此展开研究。根据特纳的阐释,阈限具有不清晰、不确定的特点,既不在此处,也不在彼处,而是在社会分类之外,在社会结构的断裂之处。① 也即处于法律、习俗、传统和典礼所指定或安排的那些位置之间的地方。与范热内普相比,特纳更强调置身于有序社会之外的模棱两可的阈限空间,这是缺乏秩序的阈限阶段。

耽美文化自20世纪90年代以来借助互联网的普及使用得到快速发展,是网络文学、网络青年文化的重要组成部分。耽美爱好者聚集在文学网站、论坛、贴吧等虚拟空间,以ID、网名、头像等虚拟身份参与文化实践活动,要么创作耽美文本,要么阅读耽美作品,要么就是在作者与读者、读者与读者之间展开互动交流。这类因趣缘而形成的圈子无疑就是阈限空间。耽美文本仿佛是"门槛",借此从三次元世界跨入二次元世界,耽美爱好者们就隐姓埋名,进入耽美世界;从二次元世界返回三次元世界,她们就是有着真实姓名的女大学生、女白领,与身边的同学同事无差别存在。二次元和三次元之间的这道"门槛",是什么材料用怎样的工艺做成的?范热内普谈到"门槛"时,既强调其实体性存在的一面,如房屋、边境线、仪式台等,同时也强调其作为"出入口"的象征性存在,更为重要的是,门槛是内与外、凡俗世界与神圣世界间的界线。② 也就是说,那些热衷于耽美文化的"腐女"每天都往返于两个截然不同的次元世界:耽美二次元是神圣世界,现实三次元是凡俗世界。当然,神圣和凡俗的区别更多体现在心理阈限和身份阈限,而非可见的实质性改变,突出体现了范热内普所说的

> 那些热衷于耽美文化的"腐女"每天都往返于两个截然不同的次元世界:耽美二次元是神圣世界,现实三次元是凡俗世界。

---

① 维克多·特纳.仪式过程:结构与反结构[M].黄剑波,柳博赟,译.北京:中国人民大学出版社,2006:95.
② 阿诺尔德·范热内普.过渡礼仪[M].张举文,译.北京:商务印书馆,2010:16-17.

从一种状态进入另一种状态的过渡礼仪。正如范热内普所指出的那样,个体在过渡之前处在一个凡俗世界,当其跨入门槛便代表进入一个神圣世界;而当其再完成一次过渡,则表示又进入了另一个凡俗世界。① 与此同时,由于耽美文化的"元叙事"与规范化、异性恋、社会结构性的规制格格不入,围绕耽美文本所展开的写作、阅读、交流活动,以及由此所创造出来的耽美文化就有了特纳所说的处于社会秩序之外的"阈限空间"之意。它们往往对现存社会秩序造成挑战、麻烦,因而不被现存社会接受。

关于"阈限空间"的不确定和模糊性,特纳用"交融"的概念做了进一步阐释,并提出了两种社会关系模式,即结构和交融。特纳认为"结构"是"大多数社会所默认的社会秩序的框架"。从婚恋来看,社会秩序认可的有异性恋、传宗接代、门当户对、男大当婚女大当嫁等,"默认"则表征其自然性,无须强调和强制,社会成员就将此当作理所当然之事,如果不这样做,就是破坏社会秩序。"交融"则不同,在交融理念中,社会是一个缺乏组织结构或组织结构模糊,仅有基本组织结构的共同体,人人享有自由,人与人之间的关系是平等的,是一种直接的和非理性的关系。② 也就是说,交融与结构是相对立的概念:交融是非理性的,结构则是理性的;交融通常会消解结构,而结构也会瓦解交融,两者构成一种相互缠绕的动态发展过程。特纳也指出,交融对结构的消解是暂时性的、非摧毁性的,而且交融最终将回归到结构中,并给结构注入新的活力,即交融具有一种生成能力,能够促使社会向下一个更好的

---

① 阿诺尔德·范热内普. 过渡礼仪 [M]. 张举文, 译. 北京: 商务印书馆, 2010: 11, 16-17.

② 维克多·特纳. 戏剧、场景及隐喻:人类社会的象征性行为 [M]. 刘珩, 石毅, 译. 北京: 民族出版社, 2007: 330.

阶段发展。① 结构与交融的差异，就是世俗与神圣的区别。进入耽美文化领地的爱好者，她们的确具有非理性文化实践的特征，但正如特纳并没有将非理性做贬义处理那样，非理性虽然存在于结构之外，却并不必然有害，理性与非理性、结构与交融始终在同一矛盾中并存。矛盾并非不可调和，也不必然导向革命。② 范热内普也持有相似的观念，认为神圣与世俗两大领域有着作用力与反作用力的关系，因此一旦相遇的话，便会对社会和个人产生干扰。

围绕着耽美文本的创作、阅读、传播、交流而形成的耽美文化，无论对于耽美爱好者，还是对于现实社会秩序而言，无疑都是处于社会结构之外的"阈限空间"，不同的是，站在耽美爱好者的立场，耽美文化所构筑的世界是超越现实的存在，而她们所处的现实社会和日常生活则是"世俗"而庸常的；换一种立场，从社会秩序的角度来看，耽美文化自然是在秩序之外，是非理性的，甚至是具有破坏性的，而现实社会则是有秩序的、结构清晰的、理性的。耽美爱好者穿梭于两者之间。一方面，"穿梭""往返""跨越"，从此处到彼处的意义何在，或者说她们建构了怎样的意义？另一方面，脱俗与世俗两重世界的交融将对她们产生怎样的"化学作用"？再进一步，无论范热内普，还是特纳都强调中间地带的动态与流动、神圣与凡俗或者说结构与交融之间的相互转化的可能，那么，耽美文化作为一种自发产生的、以兴趣驱动的、与社会规制具有差异性的存在，且又是一种与社会规制具有交融性的存在，它蕴藏着怎样的能量？耽美文化处于社会结构之外，那它是否必然会对社

---

① 维克多·特纳. 戏剧、场景及隐喻：人类社会的象征性行为 [M]. 刘珩, 石毅, 译. 北京：民族出版社, 2007：329.
② 维克多·特纳. 仪式过程：结构与反结构 [M]. 黄剑波, 柳博赟, 译. 北京：中国人民大学出版社, 2006：133.

会结构本身质疑,同时,它是否也内含着对社会结构加以修正的力量?

耽美文化特有的语汇系统

人类通过符号理解现实,并进行交流和沟通,而文化存亡取决于人类创造和使用符号的能力。作为最重要的符号系统,语言在文化形成过程中充当重要的媒介作用。一种亚文化是否有别于其他文化,语言符号是最重要的区分标志。特定语言反映了特定群体的生活方式。同时,语言对文化群体的建构也发挥着非常重要的作用。一般说来,特定群体都有属于自己的语言,这是一种严格限定的语言系统。在此,独特的语言符号就如同"门槛",是从三次元现实世界跨入二次元耽美世界的敲门砖。

> 一种亚文化是否有别于其他文化,语言符号是最重要的区分标志。

耽美语汇系统中的基本词汇

基本词汇是一个语汇系统中最主要也是最基础的部分,它们通常是使用频率较高,且能被使用这种语言的群体所共同理解和使用的词汇。这些词汇所代表的意义通常都比较稳定,并且它们可以构成新的词汇和词组。耽美文化的所属群体——耽美爱好者在挪用主流文化语言内容的基础上创造性地发展出了只属于她们自己的语汇系统,使耽美语汇系统既有别于社会秩序所公认的规范的现代汉语语汇系统,也与其他网络亚文化的用语用词有一定区隔。这样的语汇系统较难被"门槛"另一端的人理解。

耽美文化经过近30年的发展,逐渐形成自身比较稳定的语汇系统,同时还在不断增补新的用语用词。迄今,耽美文化最基础的词汇如表5-1所示:

表 5-1　耽美文化基础词汇表

词汇	释义
攻	在男子同性恋爱中担任主动角色的那一方，又称攻方、攻君
受	在男子同性恋爱中属于被动的那一方，又称受方、受君
X	配对符号，用于连接攻受双方，可省略，书写时要将"攻"置于前，"受"放在后，不能颠倒位置，否则角色地位也随之发生变化
H	日文表"变态"之意词汇的罗马拼音的首字母，也有说是在日语中表示"echi"（色情）的意思
BL	Boy's Love，男子间的恋情。BL≠现实同志之爱。同理，GL即指女子间的恋情，BG即指男女异性恋
CP	Character Pairs（人物配对）的缩写。一部作品衍生出的同人作品中通常有不同的CP
YAOI	这是日文中把"无情节、无高潮、无结局"的罗马拼音词头的四个字母合在一起形成的词汇。指的是部分耽美作品以色情描写为主，引发了公众的抵制
直男	意指异性性向的异性恋男子
大神	通常指同人界中知名度极高的社团或作者，大多是很有名望、很受欢迎的前辈，有时也称"大手"
清水	指耽美作品较少性行为的描写，一般对性行为只是一笔带过或做朦胧处理
鬼畜	来自日语，意思是残酷无情，像魔鬼畜生一样。在耽美作品中意指攻残忍地伤害受的身体或给予其精神方面的虐待
腹黑	形容看起来天真无邪、阳光帅气，实则内心十分邪恶黑暗
王道	意为最正确或最常出现的人与物，或解为最强大、最正统的配对，有时同人女对于CP过于偏执。特别是在明星的同人中，支持不同王道的粉丝常会发生掐架行为。由此，逆王道即指的是不太常见的非王道配对
大宗	指的是同人女最爱的主力配对，是"王道"的日文版
同人志	是同人作者依照自己的兴趣而自费出版的书籍，有漫画、小说、资料集等形式，若由出版社出版则称为"商业志"

根据语言学、人类学和社会学的理论，特定语言中的词汇反映了言语者所处的环境与文化。耽美文化中的这些基础词汇代表了某种象征意义，同时也暗示了耽美爱好者们的某种态度，反映了她们看待世界的方式。比如，她们通常会自然而然地以"攻受观"去理解事物间的关系，不仅在耽美文本的创作中将两个主人公的关系设定为"攻"与"受"的关系，也会将非耽美文本中两个男性想象成"攻"与"受"的关系。换句话说，如果不了解"攻""受"这样的基础词汇，就无法了解耽美圈。耽美爱好者圈子中也有好事者主动对词汇加以整理并解释。很多耽美论坛都有新手帖、入门帖等。一般而言，这些帖子的首要任务是为新人扫盲。

> 如果不了解"攻""受"这样的基础词汇，就无法了解耽美圈。

耽美语汇系统的不断发展与创新

随着社会不断发展和进步，新现象、新事物层出不穷，在客观上要求语汇系统有相对应的变化，与此同时，人们也会不断追求最佳语义表达方式。因此，语言语汇系统先天的不自足性决定了其需要经过不断自我调节与丰富才能满足人们进行表达、交际的需求，其本身也得到了发展和创新。耽美文化的语汇系统从外部大量吸收游戏、动漫等二次元文化，网络文化和同性恋文化等亚文化中的词汇来充实自身。如表5-2所示，这些从他处挪用/共享的词汇在耽美圈中使用时词义一般不会发生变化。同时，耽美文化内部也不断创新、丰盈自身的语汇系统，主要有新词产生、旧词消亡、词义发展、词语替换等方式。伴随着耽美文化的传播与发展，其语汇系统中出现了很多表示攻受类型及攻受模式的词汇（表5-3），这些词汇在耽美作品及耽美爱好者的交流中被大量使用，在一定程度上反映了她们观察、体验、理解事物的方式。

表 5-2　耽美文化与其他网络文化共享词汇表

词汇	释义
YY	网络用语，有"意淫"、"衣衣"（衣服）、"影音"等意思，在同人女群体中仅作"意淫"意思用
GC	Gay Comic 的缩写，指的是 BL 漫画
ACG	是 Anime（动画）、Comic（漫画）和 Game（游戏）的简称
LOLI	源自 Lolita 一词，指小女孩。现泛指看上去天真可爱的女孩，也作"萝莉"
SAMA	日语中"大人"的罗马拼音，读者往往会在自己喜欢的作者名字后加上"SAMA"以示尊称
HE、BE	分别是 Happy Ending 和 Bad Ending 的缩写，指作品以喜剧或悲剧结尾，作者由此被称为"亲妈"或"后妈"
OTAKU	御宅族，一般指对 ACG 具有超出一般人的知识面及鉴赏、游玩能力的特殊群体，是最高级别 ACG 爱好者的代名词。我国媒体上所说的宅男宅女指的是喜欢待在家里的男女，和御宅族并无太大关系
Cosplay	英文 Costume Play 的简写，一般指利用服装、饰品、道具并通过化装来扮演动漫作品、游戏中的角色，也称角色扮演
萌	指看到极度可爱的人或事物时会心花怒放、热血沸腾
控	热衷于某事物或对某事物有异常的偏爱，同"癖"相应，表示强烈的嗜好与喜爱
雷	看到自己不喜欢的配对、事物或人物性格等时的反应，与"控"相对，有时也作动词使用
坑	形象地指作者还未完成的作品，由此又有"坑主""挖坑""填坑""平坑"等词
18禁	顾名思义，指未满 18 岁不可接触的作品
正太	指看上去天真可爱的少年，是"萝莉"的相反性别同义词，有说是出自 1958 年横山光辉出版的漫画《铁人 28 号》中的金田正太郎
苦手	形容遇到棘手的事情，或对某事物感到困扰
怨念	指某人因对某事感到怨恨而形成的一股强大的心念，或用来表示对某事物的狂热
恶搞	即"恶意搞笑"，这类同人作品常违背原作剧情

续表

词汇	释义
本命	意为最喜爱的、心中排行第一的
穿越	指的是人物（或其他）因为某些原因经过某过程（也可无原因、无过程）从自己所在时空进入另一个时空的事件
架空	指的是真实的人物在虚构的环境抑或虚构的人物在真实的环境
兄贵	大哥的意思，对年纪比自己长的男性的尊称
御姐	大姐的意思，对年纪比自己长的女性的尊称
海贼版	用来形容盗版作品
恶趣味	怪癖、与众不同的特殊喜好，通常这种特殊喜好往往带有一些较负面的色彩。同人女常用此词来自嘲对耽美的爱好
女性向	指作品以女性读者为主。由此，男性向即指作品以男性读者为主
成人向	作品的受众限定为成人，这些作品通常少儿不宜

表 5-3　耽美文化内生发展的词汇表

词汇	释义
天道	通俗地说就是"王道中的王道，比王道更王道"，即最受追捧、最强大的配对
流星	意指略带一点点情色意味或有些微露点成分的 CG 图
猎奇	用来指耽美小说或漫画中断手断脚、切断身体的描写，比较血腥
后宫	同人女出于对角色的喜爱，把相关人物都归为其"后宫"
女王	用来形容耽美中的某些人物个性像女王一样高傲、残酷，不得不让人臣服于其魅力之下。这些人物一般都较强势
健全	指面向的受众是全年龄范围的耽美作品，因为其不含 H 内容
女体化	将原著中的男性角色变换为女性进行同人创作，一种演绎手法是单纯用女装来装扮男性，另一种是彻底地从性别上将男性改为女性来创作
立场倒换	攻受相互转换身份

随着耽美文化和语言使用者认知能力的发展，语汇系统还在不断发展与创新，并得到进一步丰富。"攻"与"受"在耽美文化中经过日积月累已经发展得五花八门。我们分别举一些用法来看。常见的"攻"已经衍生出很多词汇和类型，如表 5-4 所示。

表 5-4　"攻"衍生出的词汇和类型表

词汇	释义
总攻	不论对象是谁，总是只攻不受的角色
健气攻	指较阳光、健康的攻，是活力型的攻系角色
强气攻	个性非常强势的攻
女王攻	攻的个性就像女王一样高傲且充满优势，不得不让人臣服于其魅力之下
帝王攻	性格高高在上，像王者一般气场强、不易低头的攻，强悍类攻，又称王样攻
腹黑攻	很有城府，用心计能把周围人玩弄于股掌之间的攻，又可称隐性鬼畜攻
忠犬攻	个性像犬一样忠诚，对受死心塌地，与其对应的是女王受
玩具攻	把受当成玩具的攻，很无情
傲娇攻	这种类型的攻实际上个性很温柔而且喜好朋友，但经常做出冷酷而不跟人打交道的姿态，常以强硬的口气掩饰害羞或其他内心真实想法，简单地说就是"外冷内热"
天然攻	很单纯的攻，绝无 SM 倾向
流氓攻	如字面意思所说，也可称为痞子攻
好人攻	如字面意义，又有善人攻之说
乙女攻	指外形弱美、貌似少女、性格温婉的攻
大叔攻	顾名思义，年长且长着一张大叔脸的攻
年下攻	BL 中，由年纪较小的一方担任的攻
年上攻	BL 中，由年纪较大的一方担任的攻
伪受	伪装成受的攻方，H 时便变成了攻，而原本的攻则变成受
贱攻	对待受君非常差的攻（常对应"渣受"）

作为与"攻"相对应的另一方"受",也衍生出大量词汇和类型。这些词汇和类型(表5-5)非常细腻地区分不同关系和场景中的"受"的形象和气质:

表5-5 "受"衍生出的词汇和类型表

词汇	释义
总受	不论对象是谁,总是充当受的角色
健气受	指阳光、健康的受,是活力型的受系角色
强气受	个性很强悍、长相阳刚的受
女王受	个性像女王一样高傲的受,有强大的魅力。H时掌握主动权(对应的是"忠犬攻")
帝王受	与女王受不同,帝王受更喜欢指挥攻为其服务,一般不会主动诱惑攻,也无SM倾向,只是单纯性格像帝王而已
腹黑受	外表温柔善良、体贴攻方,其实内里多坏心眼,处心积虑要成为攻方的受
受虐受	享受被攻方虐待的受(与"鬼畜攻"成对出现)
忠犬受	死心塌地跟着攻的受,任由攻方使唤
玩具受	把攻当成玩具的受,很无情
傲娇受	同傲娇攻一样,外冷内热
天然受	非常单纯,表里如一,是过度迟钝的受
流氓受	行为较下流的受,但其对应的攻方不一定下流,也有可能是好人攻
好人受	性格很好的受
平胸受	高度疑似女性的受,又称乙女受
弱气受	比较女性化、情绪化,有点内向,属柔弱型的受
小白受	如字面意思一样,这种类型的受较无知,什么都不懂
诱受	诱惑对方攻自己的受
娘受	行为女性化的受,又称平胸受
渣受	顾名思义,品行很渣的受

耽美语汇系统与主流文化的区隔与对立

语言作为最重要的符号系统，灵活准确地传递着使用者可以理解的复杂而精微的含义，深刻地反映了语言使用者的群体特征，不仅包含着该群体的历史和文化背景，也蕴藏着这个群体的对事物的看法、生活方式及思维方式。通过所使用的言说方式，群体的价值观和文化认同才得以较完整地表达。同时，语言习惯也在很大程度上预设了群体成员认知、理解世界的方式。耽美语汇系统是耽美文化的一面镜子，反射出了耽美爱好者群体的核心价值观，群体成员也借其检验成员身份的合法性。通常，如果我们问一个耽美爱好者什么是"攻受"，就意味着我们是耽美圈之外的人，而不是圈内人。因此，是否理解上述所列举的词汇、语言或言说，就成为判断是否是耽美爱好者身份的标尺。

考察耽美文化专属的语汇系统，可以发现大量词汇都是通过对既有语言的挪用及对词语意义的篡改、改编和转译等产生的。这样的"拼贴"方式是耽美词汇创制最主要的策略之一。实际上，通过拼贴产生的是新词义而非新的词汇。如耽美语汇系统中的核心词汇"攻"和"受"，原本的基本字义分别是"打击、进攻"和"接纳、接受"，而耽美语汇借用过来以形象地指代男子同性爱中的主动方和被动方。显然，在这一过程中，"攻"和"受"两个词被赋予了新的含义，且在语境重组中获得了新意。"同构"是耽美词汇创制的另一个主要策略，表现在一类派生词的产生过程中。这些词来源于以相同的语言单位（多是基本词汇）为基点，分别搭配不同的语素或词而扩展出的庞大系列语群，并被用来指称耽美文化中新出现的事物或概念等，如"强气攻""傲娇攻""鬼畜受""天然受""弱攻强受"等表示攻受类型或攻受模式的词语。

耽美文化将语言符号重新分类并将其混杂起来，从而创制了专属的语汇系统。这个系统现已在网络上得到了较为完备的发展,它不仅使耽美爱好者和其他亚文化群体区分开来,还将耽美爱好者自身凝聚在一起,同时也实现了耽美文化与主流文化的区隔与对立。通过对语汇系统的创制和使用,耽美文化创造了一种独特的风格,并在抵抗主流文化的价值基础上积极地创造一种有意义的亚文化。

意义重构:从"日常"到"超越日常"

耽美文化首先有专属的语汇系统建立起"门槛",将内外世界分离开来,同时,"阈限空间"又具有模糊性、开放性、暂时性等特征,那么这种处于过渡的、模棱两可的状态在耽美文化中又如何体现?在耽美爱好者的体验中,当她们阅读耽美作品时,便进入了一个非此非彼、处于过渡状态的,由文本所构筑的世界之中,暂时摆脱了日常生活,进入了超越日常的状态。

日常:隐秘的"圈中人"

对于大部分耽美爱好者来说,最初接触耽美都是在日常生活中不经意间开始的。无论早期的租书店,还是互联网媒介技术出现后的论坛、贴吧、微博、微信等,她们几乎都是在日常使用中不经意地"偶遇"耽美文化的。媒介是人们接触新文化的主要途径,耽美文化的聚集地随着媒介技术的变化而迁徙,在前文中我们比较详细地讨论过这种变化,提到许多耽美爱好者是在高中和大学期间初次接触耽美作品的,也就是说,作为"阈限空间"的耽美世界其实是镶嵌在现实世界及日常生活中的。从现实世界进入耽美世界往往是在一瞬间,是片刻发生的,有着极大的偶然性。在此,我们再引用几位受访者的说法以强调跨越"门槛"时的那种偶然性。

> 大概是高二、高三的时候，以前一直喜欢看言情小说，有一次下载小说的时候以为是言情，但是看了一半发现没有女主……但是剧情很好所以也看完了。
> ——Z同学

> 上大二时，我参加了学校的笛箫社，迷上古风歌曲，会经常买一些碟回来。碟里面一般会送制作精美的歌词本，当时有一些插画就是比较暧昧的男男爱那种，画得非常有水平，于是我就开始对耽美感兴趣了，先自己寻耽美同人本，成为一些太太们的粉丝，再去论坛。
> ——吕同学

可见，大多数耽美爱好者并不是一开始就有接触耽美作品的想法的，而是在浏览信息、参与学校社团、和室友聊天、网上闲逛等过程中不知不觉遇见耽美文化的。最初，可能会有不适，甚至反感，但最终好奇心或者说是猎奇心战胜不适，促使她们寻找更多耽美作品去阅读，继而被作品中的人物、剧情吸引，由此"入坑"。由于早期耽美作品都是通过非正式渠道发布（如盗版印刷书、境外视频资源等），接触此类作品都是在十分隐蔽的场合，而且耽美尚且不被大多数人接受，因此耽美爱好者们在"入圈"以后并不会急于声张，而是隐匿在日常生活的外衣之下，游走在日常与超越日常的两端。访谈中我们提及在现实生活中是否会主动表明自己耽美爱好者的身份，会不会推荐圈外人进入耽美圈时，所获得的答复基本是"不会"：

> 一般不会。因为我把现实生活和二次元世界分得

很开,我身边很少有人知道我的兴趣,而且你知道我所在的大学是那种比较根正苗红的学校,喜欢同人耽美的还是少数。当然,被人发现了也无所谓,这不是什么大事。我通常不会介绍圈外人"入坑",这完全是个人爱好,不要强加于人。

——吕同学

我觉得没必要特意去声张自己是耽美爱好者,因为有些人多多少少会有误解,觉得你是腐女,看耽美,可能你的个人取向也是同性。我不想有这种误会。我周围的同龄人不管喜不喜欢都是能够理解的,但长辈们就会不太能理解,觉得你怎么会看这种同性的东西。所以对于同龄人我就不会遮遮掩掩,也会向他们介绍,但会避免让长辈们知道。对于同是耽美爱好者的人我会向其推荐一些好的作品,但对于圈外人,其本身就不喜欢,我觉得就没必要强行"安利"。喜欢的人自然会主动找作品去看,不喜欢的人如果被强行"安利"反而会反感。

——健壮

通常不主动向圈外人表明自己身份,一方面是因为人们对于耽美、腐女的不认同,出于保护自己隐秘爱好的目的,她们不想被贴上"违反日常"的标签;另一方面,耽美文化作为亚文化的一部分,并不被主流文化包容和接受,因此耽美爱好者这一特殊群体,对内具有一致性,对外却有着较强的排他性,对于从未接触过耽美的人,她们觉得没有必要表明自己独特的文化身份,避免带来麻烦。当然,访谈中我们也发现这种情形正在发生变化:

会主动说自己看耽美。有很多人，尤其是男生不能理解，但是我觉得没什么，每个人都有自己能接受、不能接受的东西。

——丸子

大概会吧，对熟悉的人会表明，也会强行"安利"给别人（虽然总是失败）。

——Z同学

我周围人大多是无所谓的态度吧，都不太感兴趣。如果对方不感兴趣的话我不会推荐别人进圈的。

——军军

身处于耽美圈子中的人往往都有一定的隐匿性和遮蔽性。随着多元文化的发展，尤其是耽美文化越来越出圈，为大众所认知，耽美爱好者们不再像从前那样刻意隐藏自己的兴趣爱好，担心腐女身份的暴露会带来他人对自己的误解，反而大方表明自己的身份，但同时，她们对于不接受耽美文化的圈外人也表示理解与尊重。

超越日常：关于性幻想与性别气质

尽管耽美爱好者们是在现实世界的日常生活中偶然接触到耽美文化的，但从此进入耽美世界，也就进入了超越日常的幻想世界。这个世界是她们集体性别幻想的书写。创作、阅读、传播和交流的文化实践使耽美爱好者游走于现实世界日常生活和耽美世界超越日常的阈限空间之间。具体而言，所谓超越日常主要体现在以下两个方面：一是追求脱离现实的性幻想，二是打破男女二元对立的性别气质。

追求脱离现实的性幻想。亨利·詹金斯在《文本盗猎者：电视粉丝与参与式文化》中写道："粉丝和学术作者都将耽美同人定义为女性性幻想、性欲和经验投射在电视剧男性人物的身体之上的写作。"① 耽美作品往往被认为是女性在性方面自我满足的一种方式，是女性内心深处的性渴望与性压抑投射到耽美文本主人公身上的体现。事实上，自古以来，女性的爱和性是与生殖关联的，被社会秩序和社会规范导向生育、传宗接代、相夫教子，如果违反了此社会规则，将性与快乐关联，女性通常就被冠以"娼妓"和"荡妇"之名。但凡写到男女情事和性爱场面，女性只有两大类形象：神女和荡妇。前者代表着为生殖、生育而性爱的圣母形象，后者则是为快乐而荒淫的厌女形象。与此相反，传统的文学作品很少将男性作为性描写的对象，即便有对男性躯体的描写，也是呈现在男性对于女性的性爱施压之上。至于女性作者描写女性情欲，不仅数量少，而且笔触都停留在婉约而细腻的情感表达上，基本不会有直接露骨的情欲刻画。英国学者约翰·伯格在《观看之道》中提到，人们观看方式中理想的观赏者通常是男人。男性观察女性，女性注意的则是自己被他人观察。这种观看模式不仅决定了大多数的男女关系，还决定了女性自我的内在认同——女性以男性的视角看自己，并将此内化。观看之道交织着权力、社会关系、利益欲望等"非看"的因素，被裹挟其间的女性往往处于弱势地位。

尽管当代社会仍然由男性占据社会主导地位，具有典型的男权中心主义色彩。但时代在进步，社会文明程度提高，各种媒介技术不断更新，年轻女性的经济水平和媒介使用素养也在不断提高。一部分接受良好教育的女性群体在男女观看模式中逐渐转身，女性主体性被唤醒。个人情感和情欲的苏醒，势必

个人情感和情欲的苏醒，势必让女性不愿再处于被男性凝视、观看、掌控的被动地位，渴望在男女两性的爱情、性爱、婚姻关系中获得主动的、平等的、友好的情感享受。

———————
① 亨利·詹金斯. 文本盗猎者：电视粉丝与参与式文化 [M]. 郑熙青, 译. 北京：北京大学出版社，2016：182.

让女性不愿再处于被男性凝视、观看、掌控的被动地位，渴望在男女两性的爱情、性爱、婚姻关系中获得主动的、平等的、友好的情感享受。很显然，这样的欲求被置入现实社会还有一定难度。耽美文化打开了她们的新视野。受访的在读研究生小B坦承由于观念方面压抑很严重，在现实生活中找不到人可以谈论这些话题，那么，在意外接触耽美作品后，于阅读过程中既满足了窥视的好奇心，也唤醒了她作为女性的性欲望。

  人在看小说的时候一般都会自我代入，但是对于女孩子来说看言情的时候，代入言情的情节有时会感觉不舒服，特别是一些内容场景涉及比较压抑女性的部分。但是耽美不同，看耽美的时候，女性通常是处在一个旁观的视角，你不会自我代入，读起来顺畅舒服些。

——小金

一个人如果对言情小说男女性爱中女性一方处于被压抑状态感觉不舒服，不能接受，那么能否接受女女爱恋的想象性故事呢？大部分受访者表示不能接受，而且不喜欢耽美文中出现女性形象。也就是说，男性出场、女性缺席，男性展示同性相爱，女性作为观看者，这是耽美爱好者普遍接受的，也是最理想的耽美模式，并且受访者最为认同的男男关系是"好伙伴＋情侣"，也就是两个男性之间的故事要兼具罗曼史与伙伴情谊两种元素，他们既是恋人也是好哥们。沟口彰子在评述日本社会生活时认为："我们可以明白 BL 所要描绘的，其实就是一个远离父权制度与异性恋规范社会对女性压迫的神话王国，以及在神话王国里自由自在歌颂爱、性与生活的角色。正因为难以

> 男性出场、女性缺席，男性展示同性相爱，女性作为观看者，这是耽美爱好者普遍接受的，也是最理想的耽美模式。

透过异性伴侣或女女搭档描绘，才要执着于男男搭档。"① 借助想象的翅膀，女性以自己不出场换取对任意场景的描绘，尤其是在男男性爱场景中，她们突破被日常所束缚的枷锁，开始在男性身上书写自身的身体欲望。

在关于"你能接受和最不能接受的耽美中的最大尺度分别是什么？"这一问题中，受访者们虽然各有不同的看法，但对于较大尺度的性爱场景其实并不避讳。简言之，耽美作品极大地满足了爱好者们对于性场景的幻想和消费，她们潜意识里认为，只要与女性的身体无关，也就与自己无关，与社会对自己的道德约束无关，因此可以随意想象和探究。在对于男性之间的性爱想象上面，她们借由转移的性目标满足了自己的幻想。作品中的男性不只是女性爱好者心目中的欲望对象与他者，也是女性爱好者的欲望本身，更是她们的自我写照。

自由设定性别气质。在耽美作品中，女性角色是不在场的，而在场的男性角色是由不在场的女性创造出来的，有着被刻意强调或是忽视的男性气质和女性气质。康奈尔用"霸权式男性气质"和"被强调的女性气质"表达现实社会中占统治地位的男性和父权制所建构起来的男强女弱的性别关系，而这在耽美作品中似乎被女性的不在场给消弭了，从而表现为一种超越了日常社会中男女二元对立的性别关系，或者说有意识地混淆了规范系统中刻板化的男性气质与女性气质。

美国当代著名的酷儿理论家朱迪斯·巴特勒提出了一个在性别研究领域具有重要意义的命题，即"性别操演"。在她看来，主体的性别身份不是既定的和固定不变的，而是不确定和不稳定的，即表演性的，性别乃至一切身份都是表演性的。她

---

① 沟口彰子. BL进化论：男子爱可以改变世界 [M]. 黄大旺，译. 台北：台北麦田出版, 2016：94.

在《性别麻烦：女性主义与身份的颠覆》一书中也写道："操演不是一个单一的行为，而是一种重复、一种仪式，通过它在身体——在某种程度上被理解为文化所支持的时间性持续存在——这个语境的自然化来获取它的结果。……认为性别是操演性的观点，试图指出我们所以为的性别的内在本质，是通过一套持续的行为生产、对身体进行性别的程式／风格化而稳固下来的。"① 由此可以看出，一个人的社会性别并不是与生俱来的，而生理性别只是他或她在人体构造上的一些表征而已；一个人真正由内向外散发出的性别特征是由他或她自己所决定的，是一种社会性别的展演。

在大部分耽美作品中，主人公的男性气质或女性气质总是可以自由地被忽视或者强调，一切随作者意愿安排，也随读者偏好流动。男男爱恋基本的类型设定是"攻"和"受"，其中"攻"偏向于传统男性气质，帅气、阳刚、果断、主动，而"受"则偏向于传统女性气质，温柔、甜美、优柔、被动。当然，传统男性气质和女性气质是"攻"和"受"的极致表现，在"攻受"关系模式中，无数介于两者之间的性别气质被塑造和想象出来，比如"强攻强受""渣攻贱受""强攻弱受""美攻强受""人妻受"等，落实到每部耽美作品中，"攻受"关系的表达更是丰富多样，无奇不有。

耽美文化是现代流行的网络文化类型之一，充满了匪夷所思的想象和幻想，由此创造了一个迥异于现实社会生活的另类空间，一个阈限空间。耽美爱好者们长年累月花费时间、注意力和才情，在创作和阅读耽美文本的同时，不断打破社会固化的性别观念。耽美爱好者大多数都对世俗社会无爱而物质性的

---

① 朱迪斯·巴特勒.性别麻烦：女性主义与身份的颠覆［M］.宋素凤，译.上海：上海三联书店，2009：8-9.

男婚女嫁持有清醒意识，对刻板的性别分工有一定的批判精神，但面对强大的世俗社会又深感无力改变，因而逃避至耽美世界中，以一种不出场，因而无需背负道德之名的安全的方式将自己的爱恨情仇通过将"攻受"中的一方作为代言人，表达自己理想的爱情和性爱。由于喜欢的攻或受处在变化之中，也使得耽美爱好者培养了比创作和阅读普通性取向/言情文的人更尊重性多元世界的价值观。

走向何处：分裂和内化

毫无疑问，耽美爱好者逃向的阈限空间今天主要安放在互联网空间中。从早年间在租书店的偶遇，到于网络发展初期在BBS上发现关于耽美的讨论，再到借助各种新媒体、移动终端等加入趣缘群体，网络空间给耽美爱好者提供了存在的土壤。网络是她们能自由地在现实空间和虚拟空间切换的媒介技术条件，个体身份也随之获得了展演和隐匿的选择自由。

展演：戈夫曼的"前台"与"后台"

美国社会学家尔文·戈夫曼（Erving Goffman）认为人生就是一出戏，他因此提出了"前台/后台理论"，此理论又被称为"拟剧论"，即社会和人生是一个大舞台，社会成员作为这个大舞台上的表演者都十分关心自己如何在众多的观众（参与互动的他人）面前塑造能被人接受的形象。他提出，人们为了表演，可能会区分出前台和后台：前台是让观众看到并从中获得特定意义的表演场合。在前台，人们呈现的是能被他人和社会接受的形象。后台相对于前台而言，是为前台表演做准备、掩饰在前台不能表演的东西的场合。人们会把他人和社会不能或难以接受的形象隐匿在后台。在后台，人们可以放松、休息,以缓解在前台区域的紧张情绪。

对于耽美爱好者来说,互联网虚拟空间为她们享受并追逐耽美文化提供了一个"前台",包括贴吧、微博等弱关系类的社交媒体。在这里,她们可以扮演自己想要扮演的任何角色,诉说自己现实生活中无法讲述的情感和欲望。由于网络的虚拟性、匿名性,耽美爱好者们可以脱去在现实世界中的外衣和面具,不必在意身份、性别、年龄、职业等,可以尽情地享受耽美文本,沉浸在这一狂欢的国度里。而当她们回到线下/现实世界时,就仿佛演员退回"后台"一般,会选择隐藏自己耽美圈中人的身份,为自己省去误解和麻烦。

线上展演与狂欢

基于互联网虚拟空间,各种类型的耽美文本得以生产、发布、共享、互动交流,甚至被进行多次创作,而耽美爱好者群体也可以建立极具趣缘特色的社交生态圈。网络世界的匿名性使现实世界的社会交往中备受关注的年龄、性别、相貌、学历、职业等个人特性被掩盖了。在这里只要拥有共同的爱好,人与人之间便可以建立联系,而各种网络媒体应用软件/平台的出现,也使她们可以自由阅读、评荐、讨论、分享关于耽美的种种文化产品或信息。

之前看得比较频繁的时候应该是去晋江、起点等文学城,还会去贴吧,贴吧的原创作品也比较多,但这些"基地"都有一个缺点就是文章质量良莠不齐,有的写手水平不高。现在偶尔会去微博看。微博有一些账号专门是推荐耽美作品的,我会根据推荐找文章看。还会去B站看同人视频剪辑。LOFTER也会去,那里的同人作品质量比较高,基本上很多写手都是大学生或者已经工作的人。

——健壮

经常逛的有 LOFTER、贴吧和晋江,在这里可以找到很多喜欢同一个作者、萌同一对 CP 的人,像 LOFTER 上还有很多画手会画我喜欢的角色或者 CP!

——丸子

通过汇总访谈信息,我们发现晋江文学城、起点中文网,以及贴吧、微博、B 站、LOFTER 等都是耽美爱好者们经常光临的几大重要场所。

晋江文学城的基本情况在前文有过介绍,这里不再赘述。该网站的设置主要有言情小说、纯爱/无 CP、衍生/轻小说、原创小说、完结文库、出版影视及晋江论坛等核心板块,除论坛外,每一个板块可供读者自由选择的查询项目包括与作品相关的作者、主角、配角和关键词查询,原创/衍生(同人)、性向、视角、时代、类型、风格、标签等的单项或多项及交叉查询,方便读者自由组合,从而发现自己感兴趣的内容进而"蹲坑"、追文,读者也可以为喜爱的作家和作品购买 VIP 付费阅读。

百度贴吧中散居着一大批以 BL 趣缘为纽带的社群,其中最有影响力的莫过于"耽美吧""腐女吧""BL 吧"。贴吧是以关键词为主要辨识标志而建立起来的,以发帖、回帖为互动形式,能够在虚拟的网络空间中集结较多的耽美爱好者,围绕相同的兴趣、共同关心的话题展开自由讨论,具有封闭性和趣缘群体特征。微博,由于准入门槛较低,操作简单,互动性极强,成为越来越多耽美爱好者们讨论、交友的平台,一些微博账号都以发耽美段子及推荐耽美作品为主,更有一些耽美写手、画手还会专门开通微博,在第一时间收到读者们的反馈,并与粉丝们进行互动。

  创建于 2009 年的 B 站在 2018 年上市之后，加大推广力度，迄今已顺利出圈，为广泛的人群所知晓。B 站拥有动画、番剧、鬼畜、娱乐等多个板块，70% 的内容来自用户自制或 B 站原创视频，并以一种虚拟的部落式观影氛围，成为极具互动分享和二次创作氛围的文化社区，且以悬浮于视频上方的实时评论功能即"弹幕"为主要特色。对于耽美爱好者来说，B 站的番剧为她们提供了观看耽美动漫作品（以日漫为主）的可能性，而 B 站的 UP 主们剪辑的一些同人视频、同人音乐等更为她们提供了娱乐狂欢的路径。有不少耽美爱好者表示自己经常在 B 站上搜索喜欢的 CP 同人视频，甚至动手学习剪辑视频，为自己喜欢的 CP 进行二次创作。

  LOFTER 是网易公司 2012 年 3 月推出的一款轻博客产品，专注于为用户提供简约、易用、有品质、重原创的博客工具、原创社区。用户可以发布简易的图文内容，其他用户则可以通过搜索看到这些内容并进行关注、评论、分享、推荐等互动。相比微博来说，LOFTER 更加小众化，更能吸引当下耽美爱好者们加入。

> 贴吧、不老歌、LOFTER 里的同人文比较多。哔哩哔哩弹幕网（B 站）是一个综合视频网站，里面聚集了很多同人爱好者及腐女。同人圈一般都有各自的专属论坛，喜欢哪个圈子，就去哪个圈子的专属论坛，比如我喜欢瓶邪，我就会注册瓶邪专属论坛。同人圈里有特别会画画、特别会写文、特别会做视频的人，这种人一般被称为"大大"。每位大大都有很多粉丝，她们会自己形成一个圈子。
>
> ——Echo

当然，以上这些网站、论坛、贴吧对于耽美爱好者而言，不仅是看文、获取资讯的场所，还是她们互相交流、彼此了解的地方。受访者回答我们的提问"是否与作者互动"时，大多数回答是肯定的：

> 会的，以前会。我会在晋江评论区天天留言和作者交流，或者混进一个作者在的 QQ 群跟作者互动，再就是用微博互动。有的作者还会主动把微信发出来，让读者加。
>
> ——番茄子

> 同一个圈子里，互相之间聊得蛮 high，线下见面不是特别多，可能跟我个人性格有关。我知道有的人就喜欢线下见面。我自己也写文，还组织其他人一起编过纪念册，认识许多人。我们的价值观相似，情感认同度都比较高。
>
> ——Q 同学

不管是晋江文学城，还是贴吧、微博、B 站、LOFTER 等一些线上的虚拟社区，它们都是耽美爱好者们进行狂欢化活动的重要场所。她们以趣缘为纽带建立起各种联系，并在其中进行自我身份的展演，最终寻求拥有共同爱好的群体建立起趣缘共同体，从中获得娱乐、社交、认同感。

线下：隐匿于后台

耽美爱好者们的活动从最初的线下租书店、录像厅转移到以互联网技术为支撑的各种线上虚拟社区和移动终端，彼此之间的互动随着新媒介技术的不断发展也随之加深，当达到一定的频率和深度时，便会以另一套逻辑延展到现实生活中。目前，耽美爱好者们在现实生活中的交往方式主要有两种：一种是加 QQ 或微信好友，由此进入耽美爱好者们的 QQ 群或微信群，从而通过线下聚会等方式使线上的交往得以延伸；还有一种是在现实生活中认识，并得知对方原来也是耽美圈中人，或向朋友/同学"安利"（推荐）、拉好友进坑，以此来扩大耽美交友圈。

> 因为我个人不混圈，所以不太清楚，据我所知可能会有一些展映会，就是大家同时对一部原著中的角色感兴趣，会一同观看，然后在一起吐槽，最后各自回去"产粮"，写文的写文，剪视频的剪视频。
> ——健壮

> 我没有在网上通过阅读认识新朋友，但是会因为阅读和现实生活中的人成为朋友，会互相"安利"好文，交流自己的阅读体验。
> ——九子

> 我个人没有主动发展过这种关系，但应该也会有这种关系存在，毕竟有种志同道合、被相互理解的感觉。
> ——健壮

但也有受访者表示，自己对耽美的爱好是极其隐蔽的，她们不想让更多人知道，更愿意选择在自己的小天地中独自享受，并不想将幻想的世界拉扯进现实世界，否则会破坏她们阅读时的体验。所以很多在线上十分活跃的人，反而在现实生活中会尽量隐匿自己耽美爱好者的身份，就像演员退回了"后台"一样，她们会把在线上所展示的耽美爱好者、腐女等形象隐藏起来，毕竟作为亚文化的耽美文化还并没有被大多数人接

> 愿意选择在自己的小天地中独自享受，并不想将幻想的世界拉扯进现实世界，否则会破坏她们阅读时的体验。

受，为了避免被误解，这其实也是她们的一种生存之道。

互联网技术、新媒体技术及各种VR、AR技术的迅速发展使得现实世界与虚拟空间之间的界线变得越来越模糊。对于耽美爱好者们来说，由线上的虚拟社交延伸到线下的实际交友，带给她们更多的是对耽美爱好者这一身份的认同感，使她们知道虽然线上线下存在着截然不同的相处方式，但自己并不是一个孤立的个体，而是属于一个有着相同爱好的群体。她们在个体身份的展演与隐匿的过程中重新认识了自己，在线上线下这样一种特殊语境中塑造了更加坚定的身份认同感。这让她们最终明白，虚拟和现实交叠后的线上线下角色扮演塑造的不再是多重而分散的身份。

内化：当我们重返现实世界

尽管耽美爱好者们在阅读耽美作品时会进入一个亦真亦幻的阈限空间，暂时忘记现实世界中的世俗纷扰，沉醉于文本描述的爱情之中，但无论有多么迷恋，当结束阅读时，她们还是要回到现实生活之中。这样一种从日常到超越日常再到重返日常的体验/实践发生在每一个耽美爱好者身上。那么，当她们从想象的世界跨越"门槛"，跨过阈限空间重返凡俗世界和日常生活时，那些虚拟的幻境及线上的文化实践对她们的现实生活将产生怎样的影响呢？这既是圈外人最大的隐忧——浸润在耽美世界中，这将彻底改变价值观和婚恋观，从而对社会秩序和异性恋规范产生毁灭性的打击，同时，也是我们研究耽美爱好者和耽美文化无法绕过去的问题。为此，我们在访谈中，以"接受耽美文化是否对自己的现实生活产生真实的影响？"为题收集受访者的答案。答案是肯定的。但仔细分析后我们又发现，耽美文化的影响更多体现在她们对于爱情、社交等问题的看法和行为方面，她们真实的、具体的、世俗的日常生活并没有因此产生本质性的变化。

关于爱情的幻想和现实

玛丽苏小说是一种典型的男女爱情小说。在这种小说里，男主角往往被描写成一个经济能力强、长相英俊、控制欲强的形象，而女性则是无脑、弱小、依赖性强的角色。在这种关系里，男女双方展现出的是一种极不平等的两性关系。而耽美文化中，男性爱的关系却被想象成互相成长、互相救赎的理想性别关系，深刻地影响了耽美爱好者的爱情观和性别观。

> 爱情观会受影响。心目中向往的爱情相处状态，可能会受到小说的影响。比较希望是那种不要被对方过分压制的，比较民主的，比较长长久久的爱情，接触耽美后更加剧了这方面的向往。但很清楚他们是幻想中的人，现实和想象我分得很清。
>
> ——小金
>
> 希望能获得平等的恋爱关系，我会在他面前表现温柔的一面，但我也希望他能尊重我，知道我有我的独立性。
>
> ——吕同学

自由、平等、纯粹的爱情，是大部分耽美爱好者所认同的理想情感，但我们很难判断是她们本身怀揣着少女对理想爱情的纯情想象，还是受耽美 BL 纯爱影响，但有一点是无疑的，那就是通过耽美她们感知到不带任何世俗功利的平等爱情是可以轰轰烈烈地存在的。当然，大多数耽美爱好者其实都能清楚地认识到现实和想象间存在的不可调和性，不会把耽美世界中乌托邦式的纯爱带入现实世界的择偶过程中。

不会对现实造成多大的影响吧,因为我比较清楚地知道小说是作者杜撰出来的东西,没有什么真实性。可能对于作者来说,作品里有百分之十或者百分之二十的原型人物在吧,但我觉得这本来就不存在,为什么要为难自己啊。

——小金

不太会影响现实中的择偶吧。你说要是真的出现耽美里描写的那种人物,我会觉得自卑,自己配不上那种人。我经常YY我男朋友跟他室友,我还跟他讲述情节。我跟男朋友也经常讲广播剧、动漫的内容。其实他不会介意,因为他知道我虽然喜欢耽美,但是并不会影响我们俩的正常关系。

——小寒

我觉得不会影响,我在生活中该怎么样还是怎么样。但是我不看言情小说,我也不知道是不是我潜意识里觉得不能接受言情。也许我只是不喜欢女性的心理描写,觉得腻歪。

——番茄子

与上述观点不尽相同,有一些耽美爱好者明确地表达了长期浸润在BL中,享受高颜值、纯爱描写后会对现实生活的择偶产生影响。

虽然理智告诉自己找伴侣不应该只注重外貌,但实际上在选择的时候我还是会在意长相的,不过我会偏向于喜欢比较成熟、聪明的男生,要有一定的情商。

——军军

我觉得选择伴侣时会很注重他的仪表是否整洁，要会收拾自己，性格上喜欢比较幽默的。价值观上有所差异是可以接受的，只要不是原则上的差异问题。

——健壮

可能会有影响，我希望的伴侣，首先外形上身高要够，长相帅酷。我喜欢性格开朗幽默一点的男生，三观要相同。

——九子

肯定会有一些影响。我喜欢看甜文，现实生活中就非常渴望被男生保护和呵护，但可能也是看文的缘故吧，我又比较喜欢清秀白净的男生，有点矛盾吧？希望他长得秀气但又不希望他太软弱、不能保护我。

——吕同学

可以看出，由于耽美作品中大部分男性主人公的设定都是帅气、俊美、聪慧、幽默并且成熟稳重的，女性在阅读时不可避免地产生代入感，尤其是代入受方。当这种代入感延展到现实生活中时，便或多或少对现实中伴侣的选择产生一些影响。不过尽管外貌是需要考虑在内的，但受访者们也都表示其实性格、观念也是需要着重考虑的，两个人之间要互相尊重彼此的兴趣爱好，"聊得来"最重要。但仍然有一些人尽管在性取向上都为异性恋者，但长期的阅读习惯使她们完全融入小说中男男爱情的幻想世界中，可能很难走出来。因此她们也会对现实生活中并不那么"高大""帅气""美型"的男性失去兴趣，认为现实生活中的男性完全无法和耽美作品中的完美男性角色相媲美，继而有点自黑、自娱、自乐地称自己"单身狗"。

就说我是不婚主义吧,有一小部分原因或许和看文有关吧,当然这个只能代表个人,不能代表整个群体。就是看得多了后会对人生、婚姻观、爱情观、两性关系那些产生思考,觉得女性的人生道路并不一定是要走向婚姻和家庭,哪怕自己一个人,只要生活得开心充实就好了。

——糖年糕

比较悖谬又很有趣的是,虐文是耽美作品中一种比较常见的类型,因其剧情的坎坷,虐身又虐心,典型地反映出男性主人公之间爱情的坚贞和不易,而深受耽美爱好者们的喜爱,有些人更是表示自己只喜欢找虐文来看,但当虐恋情节可能发生在现实世界中的自己身上时,几乎所有的受访者都表示自己无法接受,也不可能接受。

不接受!绝对不接受!我自己本身对于耽美文来说,是会更喜欢虐恋情节的作品,前两年会完全选择虐的作品看。看虐文时心中能够更加与主人公感同身受。我会一边骂一边看,明知道是玻璃碴,也要吞下去。但是现实中我自己的恋爱,我是不接受虐的,恋爱就要甜甜的!

——丸子

虐恋我是绝对不会接受的。首先虐身肯定不行,它对应的可能会是暴力倾向。虐心,如果是两个人之间有误会最后圆满解决,那我是可以接受的,但如果是精神层面的虐心,比如这个人他会经常对你使用冷暴力,在语言上攻击你,这种就是绝对不能接受的。

——健壮

> 我看耽美小说时是比较喜欢虐文的，但是现实生活中还是把小说和现实分得很清的，并不会接受现实中的虐恋。
>
> ——军军

由此可见，耽美爱好者选择看虐文可能仅仅是为了欣赏一种暴力美学。当作品中的主人公因种种误会被"虐"得很惨烈时，她们作为旁观者完全置身于文本之外，而且这还不是言情小说中的男性"虐"女性，所以不适感会降低，甚至没有不适感。但当涉及现实生活时，她们都纷纷表示无法接受，"毕竟生活已经很艰难了，谈恋爱还是要甜甜的嘛"（访谈者"丸子"）。幻想世界和现实生活可谓泾渭分明。

性别意识觉醒

上文所述，耽美文本的创作和阅读以女性为主，但文本故事情节中女性是"缺席"的"在场"。无论是原创耽美，还是同人耽美，女性创作者和阅读者凭天马行空的想象掌控着文本中男性主人公之间的感情纠缠和欲望表达，同时，女性又将自己压抑的、潜伏的身心欲望投射在男性主人公形象上，因而作品中传统的男性气质和女性气质被颠覆、被混淆、被重构，女性化气质以完全的或不完全的样态出现在不同的男性言行中，作品中有超越社会化性别的人物设定。这些对传统男权社会的男性气质、女性气质造成不小的冲击。受访者在回答接触耽美文化之后对男女性别关系和性的理解是否会产生变化时这样回答：

> 目前还没有完全实现男女平等，但是根据现在各大社交网站尤其是微博，对于男女平等问题的讨论来

看,国内男女平等正在进行中,女权意识正在觉醒。但我个人的想法,男女平等还是很难的,因为我觉得男女性别不同,社会分工不同,何谓平等,还是很模糊的。

——九子

因为家庭氛围的原因,我对男女关系的看法还是比较乐观的,可能这是还没有开始工作的缘故。大概工作中的男女不平等问题会比较常见吧,因为男性和女性的社会分工是不同的。这种不同总会产生一些不平等。

——军军

我觉得现在这个社会正处于实现男女平等的进程当中吧。尽管在学校时没有感到太明显的男女之间的不平等,但在工作中或多或少会遇到一些差别对待,所以说这个过程还是任重而道远的。

——健壮

尽管阅读耽美文本时她们可以在幻想世界中任意选择、创造理想中的男性,但面对现实社会,尤其是跨出校门及成家立业后的女性要面对繁杂诸事,她们似乎会有深深的无力感。不过,受访者对性别关系的认知多少有所改变,特别明显地表现在敢于正视自己的性别取向。

耽美文本的风格多种多样,除清水文、甜文这些谈情说爱占据主体的文类风格外,还有许多文本充满暴力和情色,圈内称之为"多肉/肉文"。大多数受访的耽美爱好者的确能比较清晰地区分虚拟、想象的世界与真实、现实的世界之间的界线。耽美爱好者对违背伦理的文本有一定接受度,但一旦将此平移至现实社会,她们也会反感、排斥。接受访谈的小寒姑娘是相当开放的女孩,她认为:"小说中突破这些伦理禁忌,我内心深处觉得是可以的;现实中的各种约束让我觉得不可以,因为在虚拟世界里你不需要付出什么,不会有什么代价,而现实世界就要付出惨痛代价。"

沉迷于耽美文本、浸润于耽美文化是否会对现实生活产生影响,很难一概而论。通常,对于年龄偏大、心智比较成熟的人来说,影响较少。她们将阅读耽美文本视作一种工作、学习之余的消遣,一种进入某个社交圈的方式,或者了解大众流行趋势的路径。耽美文化所蕴含的审美观、婚恋观和价值观通常只会巩固她们已有的认同,而不会过多地干涉她们已经形成的想法。"在看耽美文之前,我受家庭影响初步确立了两性平等的观念,所以会更偏向于强攻强受文,或弱攻强受文,两者平等互助、和谐共处,要更加有爱一点,是我的立场。现实生活中两人结婚后,应该平等友爱。"(受访者Q)但对于情感丰富、想象力强,以及年纪偏小且尚未形成自己价值观的人来说影响偏大,容易形成非理性、偏激的行为表现,如认为只有耽美才有真爱,而异性恋只是为了传宗接代,同时,分不清虚拟世界与真实世界的差别。

尽管耽美爱好者们能够利用虚拟网络世界作为"前台"进行自我身份展演,在耽美共同体中放肆"狂欢",也可以将阅读耽美文所带来的影响延伸到现实生活中,但当她们发现自己回归到"后台"后仍旧是孤身一人时,当她们感觉来自现实的压力无法承受时,她们还是会选择短暂逃离,逃离到耽美的幻想世界之中。

> 耽美文化所蕴含的审美观、婚恋观和价值观通常只会巩固她们已有的认同,而不会过多地干涉她们已经形成的想法。

"耽美"是一剂"毒药",喜欢的人视之为"还魂灵丹",夸张地称之为"嗑BL"或"嗑CP",借此形容其吸引力使人养成依赖且有致幻安抚作用;排斥的人视之为恶心的、叛逆的、有害身心的毒品。我国社会主流文化对耽美文化始终持有一种严格的审视态度。耽美文化所栖居的互联网平台和商业资本是耽美文化的合谋者,但它们也如履薄冰,游走在灰色地带。耽美爱好者为了生存不得不遵从规范,但又努力发出声音,提高可见性。

阶段式规范与日常化应对

耽美文化：标量化和妖魔化

"耽美"原义所包含的沉醉、沉迷于美好的人与事似乎没有什么不妥，但作为一种独特的亚文化指涉男性特殊情感的想象，很容易使人产生鼓吹和热捧男同性恋的联想。尽管耽美的恋情仅限于爱好者的白日幻想且偏向于唯美、纯爱、与俗世区隔的理想化情感；而男同性恋，无论是文本中还是现实生活中的都远不是这样乌托邦，相反，要现实复杂得多，但是，将耽美误解成男同性恋的情况比比皆是，再加上当下的耽美作品良莠不齐，其中不乏露骨的色情和情欲场景描写，甚至直接挑战现实社会纲常伦理，因而社会大众、媒体等普遍反感。

耽美爱好者另类的文化趣味、女性性别、学生和年轻职业女性的特征，以及耽美的亚文化属性，使其很容易成为媒体负面报道的目标。对于亚文化，许多早期文化研究的理论家都关注过媒介的负面作用。20世纪60年代中期斯坦利·科恩阐述了英国媒体如何通过刻板印象，夸大和错误处理青年亚文化现象，制造道德恐慌。[①] 科恩认为，媒体不仅建立了对亚文化的负面描述，它们不断的报道也导致亚文化风格变得庸俗化。同样，迪克·赫伯迪格也认为，媒体和其他机构通过将亚文化商品化，使其最终被更大的主流文化同化，导致亚文化的真实性迅速丧失。[②] 相比之下，后来的文化研究理论家们逐渐理解了媒体作用的复杂性。莎拉·桑顿在调查以英国舞蹈俱乐部和狂欢舞会为中心的青年亚文化后，提出了微观媒体、小众媒体和

---

① Cohen, Stanley. *Folk Devils and Moral Panics* [M]. London: Routledge, 2002.

② Hebdige, Dick. *Subculture: The Meaning of Style* [M]. London: Methuen, 1979.

大众媒体三个概念。微观媒体是由亚文化圈内人使用和掌控的媒体，如传单、清单和粉丝杂志等，有助于形成独特的亚文化群体和亚文化传播；小众媒体是由唱片公司、出版社等主办和掌控的，有助于强化亚文化群体的自我意识；大众媒体在否定亚文化的同时也有可能帮助亚文化出圈，或者将亚文化塑造成某类先锋和时尚运动。

媒体在向社会大众描绘和介绍耽美亚文化时具有举足轻重的作用。在耽美文化发展的早期阶段，由于其半地下性质，大众媒体对这种文化类型并无感觉。此时介绍和描述耽美文化的基本上是属于小众媒体的漫画杂志，以介绍日本漫画家、他们的耽美作品及他们的审美和文化等内容为主，猎奇而不乏温馨。

曾经畅销的一些杂志对处于萌芽期的耽美文化不甚了解，抱持支持新型文化现象的态度，不无夸张地给予肯定和赞美。如《大学时代》就将耽美爱好者描述成具有热情、享受幻想等情感共性的年轻女性。《南都周刊》宣称耽美文化现象暗示颠覆性的她时代的开始。

耽美文化发展迅速，引起了二次元小众媒体之外的城市晚报、都市时尚类杂志的关注，与此同时，媒体对耽美文化的报道聚焦于耽美对青少年的负面影响。有报道直接将耽美漫画称为色情口袋书，并指出这类文化的流行会干扰学生的学业，分散天真的孩子的注意力，降低他们的道德标准，削弱他们的法律意识，报道还进一步指出这些带有浓厚日本色彩和观念的漫画书是危害中国学生的日本文化霸权，会给学生带来巨大伤害。① 耽美题材自然是最容易吸引大众媒体注意力的，大众媒体顾虑阅读者会由此而变成同性恋者。有文章认为，耽美文化

---

① 色情读物入侵学生口袋 [N]. 晶报·深圳社情，2001-11-08.

会改变阅读者的性取向,从而引起反社会行为。其作者认为,同性恋是由生理差异引起的一种不健康的心理变态,同样,同性恋爱情故事也是一种反常心理的故事,不应该提倡。未成年女孩,生理上和心理上都还很不成熟,容易被外界操纵,阅读耽美作品不仅仅会影响性取向,甚至可能诱发违法犯罪行为。①

  在某大学外的一家书店内,记者在显眼处找到十几本同性恋题材的漫画。这些漫画封面上的标题暧昧,画面大多是一个俊俏的男人抱着另一个外形娇小、样子可爱的男生。记者翻了翻,发现里面的内容除了描写两个男人"为了爱情而冲破重重阻隔"外,甚至还有露骨的"亲密场面"描写。②

  这篇发表于2006年1月的新闻报道围绕中学女生沉迷耽美文化,描写了家长、教师、市民及专家的看法,得到多家影响力较强的平台转发。首先是家长强烈的反应:"发现女儿看的漫画竟然都是两个男人之间的爱情故事,还有不少'亲密接触'的露骨场面……女儿什么时候迷上了同性恋?难道她的性取向出了问题?"普通市民强烈反对中学生接触"这种社会还未完全认同的同性恋现象……这种书籍应该像黄色书籍一样被取缔"。中学老师的看法是:"这些同性恋漫画……不能给孩子带来教育意义,只会让他们的思想产生偏差。"心理专家则认为,经常接触同性恋行为的信息,性取向容易出问题,"如果他们(指耽美爱好者)也发展成同性恋,就会被当作异类看

---

① 贺沂沂. 同性色情漫画毒害少女[N]. 金陵晚报, 2004-04-02.
② 卢盈,曾燕敏. 部分中学女生沉迷同性恋漫画,性取向恐易出问题[EB/OL]. (2006-01-05)[2020-09-10]. https://www.sohu.com/a/285421122_120078003.

待，也不能生儿育女、享受天伦之乐"。

2006年大众媒体出现大量批判耽美文化的文章。有研究者做出统计，如表6-1所示，提取这些报道的关键词可以发现一些具有代表性的共性：其一，将耽美/BL与同性恋直接画等号，甚至对耽美爱好者的性取向产生怀疑，或担忧沉迷耽美会导致女性性取向趋向同性恋。其二，对耽美男男恋和性描写产生强烈不安。不安的前提是中学女生价值观尚未确立，性爱应该还是禁区，尤其同性恋还属于社会普遍不能理解、不能接受和未合法化的禁忌。其三，体现了传统却主流的意识形态和价值取向，即凡涉及同性恋和亲密露骨描写内容的，都是黄色、下流、少儿不宜的，将对青少年产生不良影响，将她们带偏。总之，耽美会损害青少年女性的日常生活和心理发育，可能会改变她们的性取向，容易使她们沉迷于色情，等等。相关报道反映了社会主流的焦虑情绪，耽美文化被编码为一种简单的刻板印象，其爱好者被界定为腐化的、具有危险性的非常态群体，整个文化及其爱好者被公开地加以隔离。

表6-1　2006年中国大陆报纸报道耽美的不完全统计表①

Date	Place	Newspaper	Headline
2001-08-11	Shenzhen	晶报 Shenzhen News	色情读物"入侵"学生口袋 Pornographic readings invade students' pockets
2002-11-06	Guangzhou	南方网 Southcn	书店竟售黄色卡通书 街头十本漫画五本"黄" Bookstores sell pornographic comic books: half contain porn in the street

---

① 参见 Liu Ting. Conflicting Discourses on Boys' Love and Subcultural Tactics in Mainland China and Hong Kong. *Intersections: Gender and Sexuality in Asia and the Pacific* Issue 20, April 2009. http://intersections.anu.all/issue20/liuhtm.

续表

Date	Place	Newspaper	Headline
2003-02-04	Chengdu	四川在线 Sconline	小学生书包里装些啥 日本男孩同性恋漫画 What is in primary school student's bags? Japanese boys' homosexual comics
2004-04-02	Nanjing	金陵晚报 Jinling Evening News	同性色情漫画毒害少女 Homosexual pornographic comic books harm young girls
2004-08-18	Chongqing	新浪游戏 Sina	日本色情成人漫画悄然流行重庆动漫市场 Japanese pornographic comics prevail in Chongqing comic and anime market
2006-05-01	Nanning	当代生活报 Life Daily	部分中学女生沉迷同性恋漫画 性取向恐易出问题 Many schoolgirls indulged in homosexual comics: sexual orientation might go wrong
2006-07-01	Tianjin	城市快报 City Express	校园悄然流行"耽美"文化 专家担心影响性取向 *Danmei* culture prevails on campus: experts worried about the impact on sexual orientation
2006-01-11	Qingdao	青岛早报 Qingdao Morning Post	低俗漫画充斥学生读物 同性亲密拥吻惊家长 Vulgar comics occupied students' readings: same-sex intimacy terrified parents
2006-01-24	Shenyang	沈阳今报 Shenyang Today	同性恋漫画书躲进中学生书包 内容大人看了都脸红 Homosexual comic books hiding in school kids' bags: contents made adults blush

续表

Date	Place	Newspaper	Headline
2006-01-13	Changchun	新文化报 New Culture Daily	同性恋漫画现身长春 扫黄办称此不属黄书 Homosexual comics appeared in Changchun: office claimed not porn
2006-04-07	Changchun	新文化报 New Culture Daily	同性恋漫画进书店 通篇为接吻赤裸性爱镜头 Homosexual comics entered bookshops: full of kissing, nudity and sex scenes
2006-12-30	Shanghai	新民晚报 Xinmin Evening News	同性恋小说上书架公开卖 定价15元中学男生追捧 Homosexual novels publicly sell on shelves: priced 15 yuan boomed among schoolboys

类似这样的报道在2006年之后以不定期的方式出现，主要强调耽美描写的同性恋者是"异类""很多人并不能接受"；耽美是不健康的内容，会带来不良的影响；并将耽美同色情名正言顺地等同起来。如此，原本存在于小众圈子中的耽美，借助大众媒体报道逐渐进入大众视野，成为关乎教育、道德乃至法治的重要社会问题。不过，一些文化研究的学者从学术研究角度表达了自己的见解，肖映萱将由女人写给女人看的女性向网络文化创作视为"破旧立新的性别实验"，给予耽美文学很高的评价和期待。邵燕君论及耽美网文《琅琊榜》改编网剧受热捧现象时认为，这是二次元文化进入主流文化的路径，是"一场腐女文化向主流文化的逆袭，背后是一场静悄悄发生的

性别革命"①。马中红对耽美文化的评价可以视为对"性别革命"的具体解释:"男男恋中攻与受的关系结构其实是对现实社会男女恋模式中主动与被动的戏仿,而耽美作品及同人女群体的文化实践颠覆性恰恰在于使约定俗成或者说制度化的性别规范变得不再稳定,使得性别设定有多样化的可能,并且使已经自然化的强制性异性恋叙事模式失去它们的主角——男人和女人。"② 理解并希望宽容地看待耽美文化的声音相对弱小,但对于耽美文化命运而言也不是无济于事的。

反色情淫秽的阶段式规范

2006年媒体对耽美文化大量负面报道直接引发了政府管理部门、教育机构的监管举措。总体而言,对耽美文化的管理是随着国家对互联网管理的逐渐加强而严格起来的。

国家对互联网的管理历史可以分成以下几个阶段:

2004年之前门户网站时期具有"轻管理"特征,即宽泛管理、简单管理阶段。国务院新闻办、互联网信息中心、公安部公共信息网络安全监察局三方面负责网络监管,后两者不管内容,前者重点监管门户网站的新闻内容,日常管理以门户网站自我监管为主。这一阶段,耽美文化快速完成从线下到BBS、个人网站、论坛和文学网站的迁徙,在一个相对丰富的网络文化语境之中,成长为网络青年亚文化形态之一。

2005—2009年,网络新闻内容逐渐增多,网络论坛进入繁荣发展时期,国家布局的网络内容管理体系初步成形,其

---

① 邵燕君. 再见"美丰仪"与"腐女文化"的逆袭——一场静悄悄发生的性别革命 [J]. 南方文坛, 2016 (2): 55-58.
② 马中红, 陆国静. 她们的世界——幻想主题修辞批评视野下对同人女群体的解读 [J]. 上海文化, 2012 (6): 62-71.

监管特征可以概括为"多头管理、专项整治、非系统管理",网络管理处于"弱管理"阶段,以个人和网络企业自我管理为主,政府行政监管则是突击性的、阶段性的。在这样的监管模式下,耽美文化成为国家行政部门专项整治的重点对象,接受突击性检查。

2010—2015年,互联网进入社交媒体阶段。政府监管重心由门户网站转向社交媒体,监管特征表现为集中时段的规模化行动。2011年国家网信办成立,2014年中央网信办成立,进一步强化了网络意识形态监管。门户网络和社交媒体内容服务商也参与网络监管,比如新浪在2010年至2013年分别采用人工监管和技术过滤手段进行自我审查(2010年),聘请十名自律专员监管网站内容(2010年),开设举报页面"辟谣专区"(2010年),发布社区公约、组建社区专家委员会(2012年),开展两次净网专项行动,重点审查清理微博大V用户等。这一阶段,耽美作为一种特殊的文化现象,经受了一轮又一轮的监管,耽美文化和其栖居的商业化网络平台都受到极大影响。

2016年除社交媒体外,短视频媒体兴起。政策密集出台,加大处理互联网负面事件的力度,以网信办、文化和旅游部及广电总局为主体的网络内容监管体系形成,同时互联网平台/企业进入全面担责时期,对平台所发布的信息和内容承担审查的主要责任,对违反互联网监督管理的所有行为承担后果。互联网平台严格把关,耽美文化遭受更广泛的监管,包括信息和内容,也包括版权等。

正如前文所论,耽美是女性的集体性别幻想,在阅读和创作的狂欢氛围中,难免会有对男男感情及性爱的大尺度描写,国家行政管理部门的确有必要对其进行监管。与此同时,由于耽美爱好者以学生居多,教育机构对此也高度重视,承担"审查者"角色，甚至动员学生互相举报揭发，没收学生带往学校的耽美漫画。在媒体报道中，老师们也对学生接触这类"不良"读物表示担忧。表6-1提到的2006年年底《新民晚报》的报道《同性恋小说上书架公开卖 定价15元中学男生追捧》直接引发了相关行政管理部门的执法行动，包括收缴书籍，店主被责令停止销售，并处以5000元罚款等。这次行动可以视为行政部门监管耽美文化的滥觞。

而在此之前的2004年5月，中共中央在北京召开了全国加强和改进未成年人思想道德建设工作会议，同年7月，在全国范围内开展"打击淫秽色情网站专项行动"（以下简称"2004年专项行动"）。文化部、公安部、信息产业部、教育部等联合参与整治工作。教育部专门发了《关于在教育系统深入开展打击淫秽色情网站专项行动的通知》（教社政〔2004〕10号），要求对校园内的BBS、聊天室、FTP服务器、留言板、电子公告栏等进行全面清查。该专项行动历时半年多，关闭淫秽色情网站1442家，在境内影响较大的网站上删除违法网页2.4万个、违法图片1.3万张。此后，"打击整治网络淫秽色情等有害信息专项行动"几乎每年都以各不相同的主题举办，声势浩大。这些网络整治行动虽然不是专门针对耽美文化的，但由于社会认知方面将耽美等同于同性恋内容，且耽美文中又有男男性爱描写，耽美自然也在"扫黄打非"之列。2007年6月，耽美论坛"西陆网耽美论坛"关闭与当年4月开始的"扫黄打非"和净网行动有关。论坛关闭时，西陆网在晋江文学城网友交流的闲情论坛发布公告《西陆将在近期对社区内耽美类论坛进行整顿》（图6-1）。同年晋江文学城发表公告《网络扫黄非常时期非常对待，连载文库暂时关闭》。

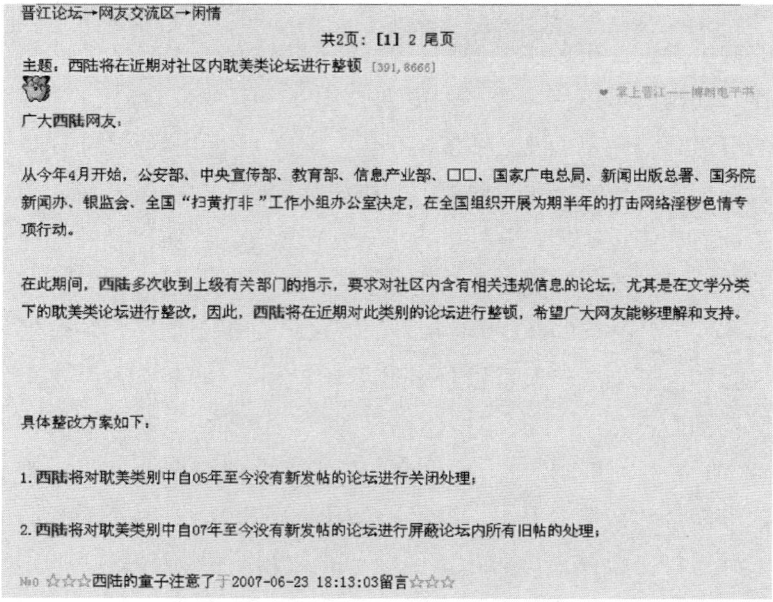

> 晋江论坛→网友交流区→闲情
>
> 共2页：[1] 2 尾页
>
> 主题：西陆将在近期对社区内耽美类论坛进行整顿 [391,8666]
>
> 广大西陆网友：
>
> 从今年4月开始，公安部、中央宣传部、教育部、信息产业部、□□、国家广电总局、新闻出版总署、国务院新闻办、银监会、全国"扫黄打非"工作小组办公室决定，在全国组织开展为期半年的打击网络淫秽色情专项行动。
>
> 在此期间，西陆多次收到上级有关部门的指示，要求对社区内含有相关违规信息的论坛，尤其是在文学分类下的耽美类论坛进行整改，因此，西陆将在近期对此类别的论坛进行整顿，希望广大网友能够理解和支持。
>
> 具体整改方案如下：
>
> 1. 西陆将对耽美类别中自05年至今没有新发帖的论坛进行关闭处理；
>
> 2. 西陆将对耽美类别中自07年至今没有新发帖的论坛进行屏蔽论坛内所有旧帖的处理；
>
> №0 ☆☆☆西陆的童子注意了于 2007-06-23 18:13:03 留言 ☆☆☆

图 6-1　西陆闭站前发布的公告

2009 年 3 月 "耽美吧" 被要求整顿清理，此后连续多年只能浏览，不能发帖。连城书盟曾经也是 "同人女" 聚集的网络空间，在晋江文学城仅有几万部耽美文学作品时，连城书盟就能向网络读者提供几百万部耽美文学作品。2010 年年初，连城书盟被要求整改。两个月后重新开放时，许多作品都消失不见了。耽美爱好者这样表述心情：最近看见书袋网和手机电子书重新开放了，本来很欣喜地跑去看，结果发现独独少了耽美同人这项，看着这些曾经辉煌的耽美网站一个个消失，很伤心很难受。①

监管也直接落实到撰写色情、暴力等大尺度内容的作者。

---

① 参见孙嘉咛："耽美文学"出版研究 [D]. 四川：西南交通大学，2012：66-67.

据北京电视台《法治进行时》栏目报道，一位 24 岁已经当了妈妈的腐女，因为上传耽美文 4 000 多篇，其中涉及暴力、虐身文，点击量 8 万多次，而被人民法院判刑。① 同年 1 月，郑州市公安局网监支队的民警发现一个名为"耽美小说网"的网站，一个月内点击量从几万次猛增到几十万次，最多的时候可达百万次。在监管者看来，网站内容"基本上以色情小说为主，宣扬同性恋、暴力、血腥"，随即抓捕了该网站的建立者，并跨省追捕了分布在上海、广州、重庆等城市的二十多位签约作者。网站创办人王某被法院以传播淫秽物品牟利罪，判处有期徒刑一年六个月，罚金一万元。次年，更大规模地对网络文学进行了审查和整治，黑道、帮派、耽美、官场等小说类型，逐渐从文学网站退出。大网站下架"耽美文学"，传统出版社放弃"耽美小说"的出版。这是耽美多年发展之后不得不面对的问题。

对于耽美文化而言，更严格的"净网行动"发生在 2014 年。以晋江文学城为例，在"净网行动"开始后，晋江文学城暂时关闭了较为敏感的"耽美同人站"。该站的作者、作品为规避审查陆续被修改了名称、内容，网站对一些文章做加密处理，使人无法阅读。晋江文学城原有两个站，即原创言情站和耽美同人站。在那次"净网行动"中，"耽美"更名为"纯爱"，两个站被拆分成四个，即言情小说站、非言情小说站、原创小说站和同人衍生站，耽美题材的作品被分拆到各个站点中。与此同时，网站进行了改版。改版，一方面是为了让网站结构更为清晰、合理，另一方面则"也有一些考虑，万一有什么事的话，我可以暂时性关闭某个站"。接受访谈的网站创始

---

① 北京电视台《法治进行时》2011 年 1 月 7 日节目，网址为 https://v.youku.com/v_show/id_XMjM1MTk0MTA0.html，现已失链。

人这样坦言:"如果说原先的原创言情和耽美同人双版格局是典型的读者导向制,是为了有效地分流、引导读者而做出的设计,那么改版后的四站点格局,就更大程度上是为了规避风险。"

对互联网内容进行监管的依据,起始于《互联网站禁止传播淫秽、色情等不良信息自律规范》(2004年6月,以下简称《规范》)。《规范》由中国互联网协会互联网新闻信息服务工作委员会发布,是行业组织的自律文件。总体要求不得登载和传播淫秽、色情等国家法律、法规禁止的不良信息内容。淫秽信息是指在整体上宣扬淫秽行为,挑动人们性欲,导致普通人腐化、堕落,而又没有艺术或科学价值的文字、图片、音频、视频等信息内容,具体包括以下情形:

1. 淫亵性地具体描写性行为、性交及其心理感受;
2. 宣扬色情淫荡形象;
3. 淫亵性地描述或者传授性技巧;
4. 具体描写乱伦、强奸及其他性犯罪手段、过程或者细节;
5. 具体描写少年儿童的性行为;
6. 淫亵性地具体描写同性恋的性行为或者其他性变态行为,以及具体描写与性变态有关的暴力、虐待、侮辱行为;
7. 其他令普通人不能容忍的对性行为的淫亵性描写。

耽美漫画和小说描写同性纯爱的作品被称为"清水文",即不含有性爱描写,以表现两人的精神爱恋为主,但在一些被称为"车文"的耽美文本中，则充斥着情欲场景的描写，性描写毫无禁忌，对青少年健康成长造成严重的负面影响。经过多年"净网行动"，"车文"之类有害的作品目前在大型网络文学平台上已大幅度减少。

值得一提的是，在2014年的"净网行动"中，晋江文学除了被中央电视台点名批评外，还有两个事件产生了超乎想象的震慑作用。一是晋江作者"长着翅膀的大灰狼"因涉及非法出版和传播淫秽色情读物被捕，这一消息以官方通告的方式发布；一是《全职高手》同人文《影城旧事》作者被单位通报批评、写检查，罪名是写色情小说和抹黑党。两大事件使平台和耽美爱好者都意识到晋江文学城不是法外之地，打破了耽美爱好者自认为茫茫互联网总能找到隐秘空间的幻想。自此，晋江文学城论坛的"连载文库""完结文库""同人文库""边缘文库"等几个涉及"色情淫秽""同性恋"内容的板块被管理员全部隐匿或关闭。

2014年后，互联网监督管理逐渐走向常规化。一大批管理规定陆续推出，如2015年中央网信办发布《互联网用户账号名称管理规定》，提出"后台实名，前台自愿"原则，有效将监管落实到每个个体。同年，中央网信办还发布《互联网新闻信息服务单位约谈工作规定》，明确互联网新闻信息服务单位有哪些行为需要接受各级网信办对主要负责人、总编辑进行约谈。不久，北京市新闻出版广电局对百度、豆瓣、多看阅读、晋江文学城、言情小说吧等涉嫌传播淫秽色情内容的网站进行了约谈，对涉嫌传播淫秽色情网络出版物的行为进行了查处。

由于网络文学IP化浪潮的兴起，耽美文化进一步进入公众视野，也不断地被推上风口浪尖。2016年，中广联合会电视制片委员会和中国电视剧制作产业协会共同制定的《电视剧内容制作通则》开始实施。通则要求电视剧内容中不得出现早恋、同性恋、婚外情内容。次年 6 月，中国网络视听节目服务协会在北京召开常务理事会，审议通过《网络视听节目内容审核通则》(以下简称《通则》)。根据《通则》要求，恐怖灵异类、疼痛青春类、耽美类题材的 IP 开发价值被瞬间冻结。2017 年 12 月 20 日，网名"深海先生"的网络小说作者非法出版、网售被刑拘。之后，原创耽美个人志印售基本停止，多家个人志工作室删博歇业。2018 年，圈内拥有 150 万粉丝的扫文博主"紫色熄灭"被微博官方实行永久封号。新浪微博官方账号"微博管理员"发布公告称，微博根据《中华人民共和国网络安全法》等法律法规要求，开展为期 3 个月针对违规漫画、游戏及相关图文短视频内容的集中清理行动。清查对象主要包括涉黄、宣扬血腥暴力、同性恋题材的漫画及图文短视频内容，如包含"腐、基、耽美、本子"的内容。公告发出后，微博话题中大量耽美同人相关话题被封，如漫威的"盾冬""盾铁""锤基"，DC 的"超蝠"，盗墓的"瓶邪"，等等。此次微博对耽美内容进行集中清理，将其与色情、暴力内容画上等号，显示了对耽美文化的监管力度。

耽美栖居地的自净化

"净网行动"以来，耽美同人文化圈出于生存的需要开展自净化。以晋江文学城为例，这家创办近 20 年的女性向文学网站在历次"净网行动"中都组织力量对几十万部小说和论坛进行自查、纠错。在 2014 年的"净网行动"中，晋江文学城将"耽美同人站"改名为"纯爱"，并拆分了耽美原创和同人创作。网站管理者表示自己必须严格规范，不然引发封站，损失的不只是经济利益，还会波及相关作品。在自净化中，晋江文学城有意将"耽美"改为"纯爱",从"耽美"到"纯爱",至少从名称上淡化了男男同性爱和性爱、色情的文类特征。

自净化还表现在对站内资源加以严格的自我审查和管制,隐匿、锁文、删文、封号是网站常见的管理措施。与此同时,网站会以通告、声明等方式提醒作者如何遵守规定。比如,进入晋江文学城首页,赫然在目的是网站声明:

> 重要声明:请所有作者发布作品时严格遵守国家互联网信息管理办法规定。我们拒绝任何色情暴力小说,一经发现,立即删除违规作品,严重者将同时封掉作者账号。请大家联合起来,共创和谐干净网络。

声明中要求晋江文学作品禁止如下色情淫秽描写:

1. 文章涉及极其具体的生殖器官的特定描写;
2. 公然宣扬一些违反伦理、腐化堕落的思想;
3. 毫无限制的性行为、性交、性心理感受描写,且占据全文篇幅之1/3;
4. 文章有大量具体的令人生厌、恶心的性行为描述:包括SM场景(暴力、虐待、侮辱行为),以及性变态行为;
5. 具体描写乱伦及颠覆伦理(包括NP)的性行为、性交场景;
6. 具体描写有关强奸、轮奸的场景、过程和细节,以及其他性犯罪行为;
7. 具体描写少年儿童(或者与其相关的)性行为;
8. 其他令人不能容忍的对同性性行为的淫亵性

描写。

晋江文学城对于站内作品涉及色情淫秽的描写进行了极为严格的限制和约束，如有违反即对作品进行锁文、删文处理。但是，一个文学网站每天新增六七千章节，每章节约三千多字，网站没有人力财力批量审核这么多新的内容，就只能施以更严格的控制，以规避网站风险。同时，视外部环境对论坛、聊天室、文库等灵活性加以整顿和关停。一些网站如红袖添香、潇湘书院为应对不可知的风险就把所有免费文章都锁掉，只放正式出版过的耽美文的电子版，以最安全的方式应对潜在的风险。举凡种种自净化的方式，既可以认为是文学网站、耽美论坛的自我管理，更可以认为是面对监督管理时网站和论坛的权宜之计。

除此之外，晋江文学城和其他文学网站一样还利用敏感词库进行自我审查。敏感词库主要包含涉嫌色情、淫秽、低俗内容的关键词。敏感词系统会对涉嫌违规的词语进行屏蔽，被屏蔽的违禁词在文中显示为白框框，而检索过程中一旦发现违禁词和 H 段特别多的情况，网站就会进行全文封锁。

共同约定：为了更好地存在

在政府监管和网站/平台自我净化的氛围下，耽美爱好者们将何去何从呢？耽美爱好者深知耽美文化与社会主流文化的差异，作为一个亚文化群体，为了更好地生存和发展，她们逐渐形成了一些共识，制定了一些共同遵守的规则。

耽美爱好者面临的首要问题是如何守住自己的网上"家园"，发布耽美文本、阅读文本及保持正常的相互交流。因此，自我制定群规成为耽美爱好者的自发行为，商业网站如晋江文学城有官方发布的严格的站规,即便是贴吧、豆瓣小组、论坛,这些由个人发起成立的网络空间,也都确立了自己的规矩,并且将其放在醒目位置。以百度"娜美吧"为例,该吧是网民"娜似年华"创建的耽美吧,截至2021年2月,获得49 664个关注,总发帖量达1 746 652个。吧内可以贴文、贴图、发视频、转文,也可以看帖、聊天。所制定的基本守则分为四条:

> 原创文类基本守则(违反以下任意一条,删帖处理)
> 1. 必须完全原创,禁止抄袭。不要抱有侥幸心理;
> 2. 禁止打着"改编"的旗号,仅换掉原有文章的人物名字,将其作为自己写的文章;
> 3. 禁止无感情发展线的纯H。禁止SM、NP、无内容的强暴等有违社会公德的文字;
> 4. 禁止低级恶俗、粗话连篇、为虐而虐的文字。

百度"耽美吧"是著名的二次元耽美世界,比"娜美吧"的规模和影响力都更大。该吧关注人数高达2 841 540人,帖子总数达31 798 977个。因为涉及太多敏感内容,该吧被封长达三年多时间(2009年3月12日至2012年12月6日),此后,该吧制定"吧规"并长期在首页置顶。最新"吧规"为"2020年耽美吧新版正式吧规",主要内容如下:

> 禁止H图文、GV及其他易被和谐的内容;
> 禁止任何形式的互粉帖、邮箱帖、广告帖等这类无意义水帖;

禁止挖坟（即回复最后回帖为三个月以前的帖子）；

禁止恶意谩骂、掐架、辱骂吧务、吧友，挑起争端；

请勿发重复帖、刷屏、发无意义水帖、插楼（楼主视情况来定）；

请勿恶意删除与自己意见相左的楼层；

转帖需要原作者授权，若无授权，吧务会直接删帖（不做另行通知）；

请勿发重口、恐怖、恶意吓人的帖子；

游戏帖、测试帖、问答帖，即日起开放，欢迎大家发帖；

公关楼、青楼等语C类帖子暂时不开放；

传话铺、手写铺等类型帖，如果只有楼主一人打理经营、无营利目的的，可直接开帖无须申请，但是如果吧务在帖子里发现了任何不合规的行为可以删帖；

禁止发表广告帖、政治帖、涉及隐私的帖子。

【广告帖】任何形式的以牟利为目的的广告帖。若违反即删除并封禁若干天ID及IP，情节严重、屡禁不止的拉黑。

【政治帖】违反国家相关法律、法规的规定，反动或过分讨论政治的帖子。若违反即删除并视情节封禁1—3天。

【隐私帖】开帖讨论吧友隐私，当事人要求删除时，请予以删除。对恶意讨论者直接删除，对违反的删帖并封禁1天ID，对情节严重的则封禁10天。

【交易帖】出售或转售二手耽美漫画等小物品的

交易帖不允许开放，吧务会直接删除，并封禁1天。

另外很多交易帖都是骗人的。望广大吧友不要上当受骗，想要买书请去正规网站。

这份"吧规"非常详细地建立起群内成员必须遵守的规则。首先是发帖内容。无论是原创耽美文，还是转发耽美文，均不能出现H图文和视频及其他无法通过"净网行动"审查的内容。在此，"净网行动"对色情、淫秽、暴力等的限制显然是贴吧不可触碰的"红线"，吧友不可越雷池半步。有意思的是，与大众媒体、政府部门对耽美文化的用词不同，任何一个耽美贴吧、论坛均不会视耽美文本中出现的男男恋和性爱为色情、淫秽、恶心，在"吧规"中也尽可能避开这样的用语。除此之外，"吧规"还明确规定不能涉及政治话题讨论、披露和恶意讨论个人隐私、出售非法出版物等，很显然，这些"痛点"恰恰也是耽美文化的"雷区"。其次，对耽美文发帖的版权要求。早期耽美创作和阅读由兴趣驱动，创作者不以牟利为目的，阅读者的赞美和支持也只能以粉作者、粉作品、留言、点赞等方式来表达。耽美文逐渐商业化之后，尤其是耽美文成为影视IP"富矿"以来，抄袭成为耽美圈最大的乱象之一。贴吧沿袭了早期耽美文化的特性，以趣缘为主，不触及营利，因而，"吧规"强调了转文须得到原作者授权，并且禁止出售或转售非法出版的耽美同人志。再次，对发帖行为的要求。贴吧是高度互动的空间，注册成员可以开帖/回帖，自由地发言和互动交流，礼仪方面要求相互尊重、语言文明、不拉帮结派、不刷屏、不插楼、不挑起争端等。最后，"吧规"还制定了严格的处罚措施，以维护贴吧秩序和风气，包括踢群、删帖、封禁ID及IP、直接拉黑。

晋江文学城网友交流论坛的"原则"由管理员在2021年

> "吧规"还明确规定不能涉及政治话题讨论、披露和恶意讨论个人隐私、出售非法出版物等。

1月做了新的调整,被放在论坛首页。论坛相较贴吧,共性是趣缘驱动,差异是论坛不发文转文,主要用来互动交流。另外,耽美圈的特征是"以文会友",通常阅读者喜欢的是耽美文文本本身,这种喜欢与作者关系不大。但有些作者出文率高、作品质量优,这样的作者便成为耽美圈的"大神",自然少不了读者粉追随,这种现象逐渐形成耽美圈的"饭圈化"。调整后的"原则"集中在防止人身攻击、禁止虚假信息、去"饭圈化"等方面,具体如下:

1. 加强对人身攻击类内容的管理:辱骂、诅咒、脏话、黑称、故意丑化、内涵影射、含义不善的绰号、不文明用语、涉性相关讨论等均被视为人身攻击类内容;

2. 加强对虚假消息类内容的管理:用户应对自己的发言负责,不造谣、不传谣、不信谣,不对未经证实的消息扩大讨论,不发布绿帖浪费网友善良,对造成较严重社会后果的,视严重程度发帖人将被上报给管理部门备案;

3. 加强对怂恿闹事类内容的管理:严格重视以"意见领袖"身份进行话术操控,发布或转发有组织性的煽动闹事言论的行为。视行为严重程度组织者将被上报给管理部门备案;

4. 加强对"去饭圈化"内容的引导:去粉圈思维,不鉴粉鉴黑鉴拉踩,不使用"固粉""提纯""画饼"等粉圈术语,不制定板块讨论"潜规则",回归正常理性讨论;

5. 加强对板块定位的管理:每个板块都有相应的板块定位说明,请大家遵守各板块定位,不得发布不属于板块定位的内容。除2区外，其他板块不得讨论娱乐圈相关、明星相关内容，14区可发表影视作品内容质量、演员演技的相关讨论，但不得牵涉到娱乐圈八卦、明星知名度、私生活、粉丝圈相关内容。

若发现违背以上管理原则，将视情况的严重性给予删帖、封ID的处罚。多个帖子被删，封锁期会叠加。论坛已经实名制。请珍惜ID，勿触"红线"，共同打造清朗的网络交流空间。

豆瓣小组"30天研究耽美文学"由"邓布利多军"创建，截至2021年2月底有近8万名成员。小组首页最醒目处就是"组规"：禁止ZZ（智障）话题，大型耽美文学交流基地，不禁BG、GL、八卦。主打温和看文，科普分享读后感。好好生活，欢乐看文。接着列出了11条组规，包括：

1. 不可以人参①任何作者，但可以人参组长；
2. 禁止内涵管理员，【允许】辱骂，玩梗，内涵皮上②有明显角色的人，内容仅限角色范围，不带角色的不在此范围；
3. 不可以人参组员，但可以人参组长，人参我我不开心了我有权踢人；
4. 高中毕业前每日阅读时间不能超过1小时；
5. 禁止微信、微信群，怕有金钱交易，防止组员被骗；
6. 禁止发非免费资源，尊重作者劳动；

---

① 人参，人身攻击。
② 皮上，语C（语言Cosplay）圈扮演角色的状态，与"皮下"，即现实生活中的性别状态相对。

7. 在帖子里出现争执，【允许】双方一共争执10楼，10楼一到锁帖，【不允许】另外开帖。楼主【有权】在删除争执楼以后要求管理员开帖。【禁止】车轱辘式争吵，一经发现，踢出小组；

8. 【真人】不论内容，【必须】用图格挡，否则锁帖。【建议】标题带真人二字，不真人预警应接受楼里小伙伴的指责，每个ID指责只能一次。【不允许】开帖喊话诸如"能不能禁真人"类似隔空对标另一个帖的行为，否则锁帖。明星粉丝对于过于不实的八卦言论可以举报；

9. 如果对作品进行抄袭、融梗等方面的鉴定，需放对比图或者调色盘，禁止无锤内涵或者空口鉴定。如果证据争议较大不能服众，楼内争执层数过多，依然按引战帖处理，管理员会视情况封删，请谨慎开帖；

10. 任何搬运【素人】【粉圈】在其他小组或微博、贴吧等其他论坛的发言，【必须】转赞评超过100个，豆瓣小组主楼或评论点赞超100个。个别粉丝言论不具代表性，不跨组升堂①；

11. 任何会引起 battle（争论）的社会话题都有可能临时被终止讨论。

本组宗旨是为人民服务，为人民每日挖掘严肃正经文学。

本组倡导自由、开放、民主、包容、勇气与爱。

规定发表即刻生效，过去的既往不咎。解释权归

---

① 升堂，饭圈用语，指将其他平台粉丝之间的摩擦、矛盾搬到豆瓣让大家主持公道。

组长所有。（每周五开放入组，平时入组暗号：绝世好攻邵群or俞凤城是猪二选一）代表你看过组规！！

【举报】如果有恶意举报（违规项目不属于组规禁止内容，随意捏造违规项目）行为，两次踢出。举报【必须】在当天举报，不能隔天再进行。

该"组规"同样涉及了贴文贴图内容要求，突出强调耽美抄袭文的鉴定要求（关于耽美圈反抄袭自律行为，下文再论述），反侵权图文和涉及真人帖时对个人肖像、隐私等的侵权行为，同时，"组规"要求不讨论社会热点敏感话题。一旦违规，将受到踢出小组、锁帖、封删等处分。所有组员均可对违反组规的行为加以举报。

论坛、贴吧、豆瓣小组属于"无组织的组织"。创建者是网友，参与者也是网友，所属互联网平台通常不介入网友们的日常交流活动。耽美爱好者仰仗这些便利的网络互动空间，结成社群，在此相聚、交流、获取信息、找寻作品、与作者对话，满足"以文会友"的社交需求。所谓原则、守则、组规是共同体为了维护互动交流空间而形成的自我治理，是一种自律行为。由于没有严格意义上的"组织者"，或者说坛主、吧主、组长等并没有获得特别赋能，他们对于违规者最大的权限也止于踢人、删帖、封号。尽管如此，群规对于凝聚向力心、增强耽美共同体认同感有着举足轻重的作用。

日常化举措

耽美商业平台在全社会建设清朗网络的倡议和日渐日常化的"净网行动"中，为求平台能正常运营所开展的"自净化"活动，以及论坛、贴吧、小组等耽美爱好者交流互动的网络空间的自我规训和共同守则，既是一种配合监管、自我求生的举措，也是一种温和反抗的文化实践。作为网络亚文化的耽美，因其题材、内容及由此形成的价值观不符合现实社会所倡导、所遵循的社会秩序和规范，势必令社会各层面担忧。与此不同，耽美爱好者和她们所栖居的网络平台，站在自身角度未必就认同"耽美＝同性恋"，或者耽美就是色情、淫秽、暴力，甚至她们也未必认同自己创作的耽美同人作品，以"同人本"方式进行交流或小范围售卖就是非法出版以营利，因此，在轰动一时的深海先生事件（2016）、天一案件（2018）中当事人因创作、印制、售卖耽美小说先后获四年和十年判刑时，虽然也有人声援他们，但其实大多数耽美爱好者都清醒地意识到触犯法律、违背人伦道德是无法遁迹的。

如果说在触犯法律、招致刑判这类铁案事件面前，耽美爱好者受到巨大震动，那么，在更为日常的创作和阅读过程中，她们如何利用非正式组织和网络来为耽美集体获取更多社会理解？又是如果规避"净网行动"的监管呢？

迄今为止，受访的耽美爱好者大多数并不认为创作耽美、阅读耽美是有意识的集体行动，或是有意识的抵抗行为。对于耽美爱好者而言，创作和阅读耽美最主要的驱动力是"为爱发电"，她们喜欢那种纯粹的、能令人沉浸其间的美好爱情，并没有往女性主义角度去思考，更没有想到挑战传统的异性恋模式。与此同时，她们也不认同耽美男男恋就是同性恋，耽美就是色情和暴力，更不愿意看到耽美文化就此烟消云散。一个人的力量是有限的，耽美爱好者需要结成联盟，"抱团取暖"。正是在这个意义上，网络论坛、百度贴吧、豆瓣小组成员们以贴文、转文、互动讨论、发布信息等形式形成的参与式文化对耽美文化有着重要意义。卡洛琳·巴塞特认为，网络空间为亚文化主义提供了一个基础，可以破坏性/性别规范的平稳运行，使"性别游戏"及"多重主体性"可能出现。德塞都认为，日常生活是一种持续的、潜意识的对抗，个人的地位和他们的反抗策略之间存在着联系，即所谓"掌握的力量越弱，使用欺骗手段的能力就越强"。人们可利用的资源越少，就越倾向于巧妙地消耗和利用这些资源。那么，处于社会边缘地位和现实社会秩序之外的耽美爱好者如何在社交网站中"策略性"地使用"战术"呢？

耽美爱好者利用自己所在的论坛、贴吧、小组以及其他社交网络，比如QQ、微博、微信等，自主采用多种策略。其中最常见的方式，是通过帖文表达对"净网行动"的见解。据资料显示，在2007年的"净网行动"中，当时最大的耽美BBS社区之一的"西路"收到网络服务提供商的公告，声称根据相关部门的规范，要取缔含有违规信息的论坛，特别是耽美文学类论坛。公告发布后，在短短几天里就有246个帖子，① 内容五花八门，耽美爱好者也借机挑战人们对耽美的偏见。

常见的方法还有游击式应对，部分作品在不同阶段或隐匿、关闭或重新显示。虽然对耽美的管理一年严过一年，但事实证明，要消除耽美这一题材任重道远。有时候，一些管理方式可能激发年轻人的逆反心理，即越是不让看就越想看。2007年的"净网行动"持续了半年方告结束，不过，旋即那些被删除的耽美电子文库、论坛又重新开放。受影响的两个耽美论坛在西路社区重新出现。在文学论坛前二十名中，耽美三个论坛分别占据了第二、十二、十四名。这些论坛在命名和分类上也动足了脑筋。

耽美爱好者还充分利用自身熟谙网络技术的优势，持续不

> 一些管理方式可能激发年轻人的逆反心理，即越是不让看就越想看。

---

① 参见 Ting Liu, Conflicting Discourses on Boys' Love and Subcultural Tactics in Mainland China and Hong Kong, *Intersections*：*Gender and Sexuality in Asia and the Pacific* Issue 20，April 2009.

充分利用自身熟谙网络技术的优势，持续不断地向社会大众科普耽美文化。

断地向社会大众科普耽美文化。在耽美的各大论坛、贴吧和小组中，我们可以搜索到解释耽美文化方方面面的注解帖子。这些帖子为耽美去神秘化，希望社会各方面能宽容耽美文化。大多数耽美网络栖居空间都有严格的准入机制，比如，申请者注册时需要回答和耽美相关的问题，若通过了，还需要进入一段时间的预备期或观察期（这段时间，论坛经营者会考察新进成员的表现，判断其是否符合耽美爱好者身份）才能正式被接纳为成员；有时还需要基于虚拟货币进行交易才能获得相关内容——积分（表明成员在社区中的活动经验值）满多少以上或需要回复（只有论坛注册成员才可以对帖子进行回复）等才能阅读帖子、下载耽美资源……这些做法都是耽美爱好者出于某种目的而人为设置的障碍。不过设置障碍并不是为了限制耽美爱好者的信息获取。

耽美爱好者还会不断创造圈内暗语以规避网络审核。前文梳理了耽美文化所特有的语汇系统，从中我们可以窥见这个群体创造语言的能力。青年人"希望用自己创造的新语汇阻隔父辈们的视线，消解社会主流文化的干涉，在抵抗和游戏中与真实世界保持若即若离的状态，目的是创造自己的'小时代'，建构自己的语言王国，充分且自由地表达属于自己的喜怒哀乐"①。如果说，耽美词汇的创造还有规律可循，比如对既有语言的挪用和对词语意义的篡改、改编、转译、拼贴、同构等，那么现在面对越来越严格的审查制度，耽美交流中的用语则呈现出极其混杂和多样化的状态，举例来看：

1. is rio：is real 的谐音，是真的。

---

① 马中红. 在破坏中建构："小时代"的亚文化语言[J]. 文化纵横，2013（5）：81-86.

2. 拆逆："既拆且逆"的缩写。意为不仅拆散了自己喜欢的CP，还逆转了自己认定的CP攻受关系。

3. 娘c：sissy，黏人体贴温柔的一方。

4. 粉籍：粉丝身份。

拼音、英文、日文、中英文混搭、谐音、缩写、转义、代指等，不一而足，其结果是将圈内与圈外加以区隔。语言的流动性、语言的区隔具有多种文化意义，一方面是表明与众不同，另一方面是增强对自身身份和群体身份的认同。

当商业资本"看"上耽美，耽美就不再是由趣缘驱动的小众文化。耽美作品的纸质出版和同人志出版、付费阅读和收听，耽美小说IP化，耽美作品网络电视剧化……资本持续不断征用、包装、消费耽美文化符号，在稀释耽美文化精神内核的前提下，推动耽美出圈，使耽美完成亚文化的商品化，使其成为当代青年流行文化的组成部分。

商业资本缔造的耽美文化奇观

商业出版物和同人志出版

青年亚文化的商业化在全球范围内都是一种不可阻挡的趋势。在日本，耽美作品从20世纪70年代森茉莉的少女漫画开始就在杂志上连载和公开出版。1978年耽美商业杂志 JUNE 正式出版，由小说家栗本薫（笔名中岛梓）主理。竹宫惠子从创刊号开始就负责绘制封面插画并连载漫画作品。竹宫惠子从1982年开始，在杂志上开设《竹宫惠子的书画教室》专栏，亲自评论读者投稿的作品，培育出无数职业漫画家。栗本薫是日本知名的耽美小说作家，她以中岛梓之名从1984年起主持《小说道场》专栏，为读者投稿提出建议，并在专栏内刊登优秀作品，培养了众多 BL 小说创作者。值得注意的是，JUNE 不仅是耽美创作者和读者的"大本营"，更是一本商业化耽美月刊，自创刊起，至2004年共发行153卷，此后改出季刊，不久改为不定期发行。栗本薫以评论者身份写有《美少年学入门》一书，论述耽美创作适合什么样的名字、个性、服饰等，实则是将耽美创作商品化。

与商业化的 JUNE 不同，日本耽美同人志主要通过 Comic Market 等同人志展会销售。根据西村麻里的著作《动漫衍生与yaoi》的详细记载，Comic Market 于1975年开办时到场人数只有600多人，1981年为1万人，1984年增到3万人，1989年迅速增至6万人，1990年扩大到10万人，1991年更增加到20万人，而到了2013年，3天共涌进52万人。虽然不是所有人都是耽美同人志的消费者，但热门的耽美漫画同人志和耽美小说可以达到上千本的销量。① 不过,尽管商业耽美杂志和耽美同人志在日本都有合法出版和销售的资格,但两者一直到20世纪80年代末都被看作彼此少有交集的世界。20世纪90年代后两者会合,日本BL商业化势头强劲。同时,20世纪90年代,日趋衰落的日本电影界盯上了漫画,包括耽美漫画,不断将漫画作品拍成电影。

中国早期耽美作品主要是来自日本的盗版漫画和文字,21世纪前后才有正式出版的耽美杂志在书摊和书店销售。《耽美季节》创刊于1999年,是国内第一本耽美月刊。《阿多尼斯》创刊于2002年,每月5日上市,售价13.8元,以连载日本小说为主,也有小说改编的漫画,2011年7月停刊。其他比较有名的耽美杂志还有《非天》《男朋友》《蓝》《耽美时代》《耽美收藏》《菠萝志》《WINGS翼》《异域》等,但一般出版周期都不长。

国内耽美作品出版主要有三种形式。一是原创耽美正式出版。2016年,网络小说《青莲纪事》出版。2007年中国友谊出版公司出版的《凤霸天下》,讲述女子穿越变性,与男性发生恋情的故事。尽管早期这类"变性"的作品被耽美爱好者称为"伪耽美",但由于小说含有典型的耽美元素,它们的出版可被视作耽美作品出版的试水。同年,台湾耽美人气作者"黯然销混蛋"的代表作《今夜哪里有鬼》系列由重庆出版社出版发行,在内容方面做了大量删减和改写,用兄弟情代替了男男恋。2008年《光年》《小楼传奇》《神仙公子》《奢侈品男人》由不同的出版社出版,2009年《悲伤蓝光》《一年七班恶男团》《天子旋舞》《城中池》《凤于飞》《柢年》《浮光》等面市。二是同人志个人印制。同人志在耽美圈大致指一种不通过正规

---

① 沟口彰子. BL进化论:男子爱可以改变世界[M].黄大旺,译.台北:台北麦田出版,2016:39.

渠道发表的自助印刷品,是由耽美爱好者根据影视作品、动漫角色、小说角色等进行的再创作,作品由一些工作室代替作者进行排版、编辑,制作成册并销售。早期耽美同人志不以营利为目的,由创作者自制送人或在动漫节以成本价出手,但也有少数耽美同人志得到正式出版,如南京出版社出版的《遥远彼方——〈逆水寒〉同人小说集》(2005),不过该书还包括了电视剧《逆水寒》独家写真剧照、手绘原创插图和独家专访等,同人小说只是其中的一部分。网络传播、在线订制、在线支付、物流到家等技术和服务高度发达后,订制的私自印刷品不再限于耽美同人志,也包括原创耽美作品。只要作者想将自己的作品印刷成册,就可以通过订制完成。一批工作室如零壹工作室、书香门第手工书坊等随之出现。三是盗版出版。在网络上流传的耽美作品还有盗版出版物,屡禁不止。电商平台曾一度成为耽美文学盗版图书发行的重要平台,一些线上店铺专营盗版图书。经国家新闻出版总署多次打击盗版印刷和售卖后,情形才有所好转。

付费阅读/收听的网络耽美小说和广播剧

网络耽美文化早期作品主要由耽美爱好者自发地创作并发布于网络论坛、文学网站、个人主页、BBS等媒介空间中,以供同好们交流分享,并不以营利为目的。2003年,起点中文网首开网络文学有偿阅读模式——VIP付费制度。此举改变了国内网络文学发展路径,迄今仍然是网络出版重要的获利手段之一。当时,起点中文网按千字2分至5分来计费。百万字数的作品收费相当于市面上20万字左右的纸质书价格。同时起点中文网还有一些包月付费方式。一般来说,读者每个月花15元,可以看20本完结的小说。为了鼓励创作,起点中文网实施了作家分级制度。白金封顶可享受最高待遇，可签长期协议，由网站给予专门的运作团队和更多资源支持。此举有力地留住了优质作者，促进了网络作者从业余转向专职写作。一些文学网站纷纷效仿。尽管如此，付费阅读和付费消费网络内容在当时还没有形成气候，十之八九的读者不愿意接受有偿阅读，这也导致盗版书盛行。

耽美作品最丰富多样的晋江文学城于2008年才起用付费阅读模式。网站负责人在接受我们访谈时说："我们实行VIP制，也是基于市场压力。当时许多网站都已经实行了，我们是撑到最后的。其他网站实行VIP制之后，就有底气来挖我们的作者。我们如果一直免费，作者就没有收益，我们也就留不住作者。再有情操的作者在付费阅读的大环境下免费写文也是不会持久的。"付费阅读的商业模式一旦建立，就不可阻挡地改变了网络文学创作和阅读的生态。比较明显的变化在于：首先，在原先自然榜单的基础上增加了人工榜单，优质作品不再完全由读者投票来决定。晋江文学城的自然榜单主要依托一套积分制度来生成。读者根据个人喜好为作品投票、打分。好的作品在月榜、季榜、半年榜、年度榜呈现出来，方便读者按图索骥。商业化之后，人工榜单的运作则是网站管理者、编辑采用封面推荐、强力推荐等方式优先推介签约作者和有潜力的作者作品。这改变了自然榜单所秉持的平台之内人人平等和公开透明的原则。其次，增加收入榜单，鼓励读者在付费阅读之外对作者额外打赏。打赏机制的设立，从本质上改变了耽美作者的心态、阅读者的行为习惯及两者之间的关系。这种改变有其积极意义，比如作者有动力写作更好的作品以飨读者，而读者多了一种更有力的表达自己对作者或作品喜爱的方式，而且，作品版权交由平台管理，不但说明平台在保护版权方面有明显改善，也为IP化奠定了基础。当然，商业化带来的负面影响也随之出现，比如，作者投读者所好，不惜铤而走险，涉黄涉暴；要速度不要质量，同质化、粗制滥造现象严重；等等。

网络耽美广播剧的出现远远晚于耽美漫画、耽美小说。晋江文学城"优声由色"板块开设于2005年，最初主要是搬运日本广播剧。《捡个娃娃来爱》是其最早制作的耽美广播剧。早期广播剧由网友自己组成的"网配圈"录制。录制方法：网友先选好剧本并分配人员对话；然后爱好者在自家录制好内容，传给做后期剪辑的人员；最后，后期剪辑人员加上背景音效并上传。这些广播剧不以营利为目的，主要是供同好分享。国内网络耽美广播剧的社团主要有晋江论坛的优声由色、翼之声中文配音社团（成立于2005年）、决意同人中文配音社团（成立于2005年）和水岸聆音广播剧团（成立于2006年）。有研究显示，第一部收费的国内耽美广播剧改编自Priest的《杀破狼》，由"729声工厂"出品，发在猫耳FM上。收费模式为前两集免费试听，后续19.9元一季，每季12—15集。[①] 截至2020年年底，播放量已近3 000万次。付费收听模式使耽美广播剧由单一的UGC（用户生产内容）发展成多样化生产，尤其是PGC（专业生产内容），如专业配音团队的加入，极大提升了耽美广播剧的专业性和质量，助推了耽美文化的传播。在猫耳FM打赏榜排名前十的广播剧都是耽美类广播剧，配音演员大多数来自"729声工厂""北斗企鹅工作室""边江工作室"等长期参与专业电视剧配音的团队。

IP变现，耽美影视化在痛与乐中前行

随着网络文学IP时代到来，耽美作品商业化模式的探索

---

① 邓楠楠，韩敏."出圈"的耽美：国内耽美文化发展概述［J］.重庆科技学院学报（社会科学版），2021（1）：94-98，120.

有了革命性的转型，即 IP 衍生开发。其实，网络耽美广播剧已经是 IP 衍生品之一种，不过，由于市场尚未充分发掘，现在受众仅限于小众耽美爱好者。很显然，IP 衍生开发瞄准的是更大的市场。

近年来炙手可热的 IP，是英文 Intellectual Property 的缩写，即知识产权，指权利人对其智力劳动所创作的成果享有的财产权利。耽美文本是作者智力劳动的成果，应该享有知识产权。文学网站是最先完成从免费在线阅读向付费阅读转型的。在付费阅读模式中，网站起初只是"中介平台"。读者付费，作者和网站则共享利润。以晋江文学城为例，VIP 章节每千字读者支付约 3 分，作者可获得 1.8 分。如果一章为 3 000 字，阅读人数 2 000 人，作者收益为 108 元。对作者而言，读者数量非常重要，直接关系到自己能否入 V，能否成为签约作者，能获得多少收益。晋江文学城耽美作者的月收入差距悬殊，从几百元到上万元不等，除了大神级别的，普通写手想要依靠全职写作维持生活是远远不够的，因而，绝大多数写手都是利用工作闲暇兼职写作。总的来说，晋江文学城耽美作者的收益很有限，主要来自两部分：一是在线付费阅读。对于收费的 VIP 章节，网站与作者实行四六分成。二是纸质书出版，在扣除相关税费后，网站与作者实行二八分成，但由于题材受限，耽美作品能正式出版的少而又少。然而，IP 的出现改变了作者和网站命运。

网络文学处于泛娱乐 IP 产业链的最前端，向整个产业链输送原料——故事和内容，优质网络小说则成为香饽饽。一部网络小说通过版权买卖，可以改编成影视剧、游戏、动漫、话剧、广播剧等多种文化类型。在此情势下，文学网站也积极推进商业模式转型，开始采用 IP 授权分成或自行开发等方式进行网络文学作品的全版权运营。其中，耽美文作为网络文学一

一部网络小说通过版权买卖，可以改编成影视剧、游戏、动漫、话剧、广播剧等多种文化类型。

种特别的类型，拥有庞大的"腐女"群体，内蕴的商机为娱乐资本所看重。2014年，首部耽美网络剧《类似爱情》开拍。该片改编自Angelina的小说《你是男的我也爱》，讲述两位男大学生为了爱情冲破来自家人、同学及社会的阻挠，最终相爱相依的故事。由于制作相对简单粗糙，上映后并没有引起更多关注，仅耽美小圈子里有所议论，且评价并不高。2015年，由柴鸡蛋工作室制作、改编自同名小说的耽美网络剧《逆袭之爱上情敌》播出，以低制作费（140万元）、大平台播出（腾讯视频）及一个月2 000万播放量引起业内关注。同年，播出的耽美网络剧还有《类似爱情2只有我知》《我和X先生》等6部。它们都为小成本投资，其选角、服饰、布景、场面等都难以达到耽美爱好者们凭小说文字激发出的想象，引起耽美圈反弹。耽美圈称其为"耽丑剧"。B站上播放《逆袭》，满是吐槽剧情、制作、场景的弹幕。

其实，耽美圈反"耽丑剧"的声浪也从另一面预示了一种强大的市场潜力。泛娱乐圈以敏锐嗅觉捕捉到潜藏的、被忽视的"腐女"群体，以及她们潜在的消费力和传播力。一些资本雄厚的影视娱乐公司开始试水耽美IP开发。仅2016年上线播出的耽美剧就有《上瘾》《重生之名流巨星》《识汝不识丁》《刺客列传》等16部，因而2016年被认为是国内耽改剧的"元年"。

2016年新年伊始，耽改剧《上瘾》上线。在腾讯视频、爱奇艺、乐视、搜狐视频、56、优酷、土豆、A站、B站等视频平台，耽美爱好者开启了疯狂的霸屏模式。播出24小时之内，1 000万次的点击量刷新网剧首日最高点击量的纪录，并且在微博引发热议,4天内微博浏览量超过10亿次。① 正在作者、耽美爱好者、文学网站平台、影视制作公司、泛娱乐资本等各方面终于为耽美文化找到一条符合各自利益最大化的路径兴高采烈时,1月29日上线、正如日中天的《上瘾》在2月22日播出刚过半时,被广电总局紧急叫停,并要求全线下架。尽管如此,耽改剧《上瘾》的意义仍然当写进耽美发展史和网络剧发展史之中。其一,一直以来,耽美主要以动漫、小说等形式为主,需要阅读者凭借自己的想象力参与作者文字和漫画的创作中,可以不受有形形象的局限去天马行空地想象"美""爱"和"性"。耽改剧由真人出演,也就是将想象坐实。现实与想象的反差之大,使腐女们担心那美好的一切被破坏,因此她们一开始强烈地排斥耽改剧。《上瘾》受到好评,表明耽美剧与耽美动漫、小说同样可以得到耽美爱好者的认可。这对于耽美影视化非常重要,所谓"得腐女者,得江山",她们是庞大而稳定的消费群体。其二,为耽改剧寻找"过审"和"流量"平衡点提供了失败样本。一方面,《上瘾》下架后不久,由中广联合会电视制片委员会和中国电视剧制作产业协会联合发布的《电视剧内容通则》(2016年3月2日发布)明确规定电视剧中禁止出现同性恋、婚外恋、一夜情、早恋等内容,也就是说,耽改剧不可触碰的红线清晰地标示出来了。另一方面,作为耽改剧受众基数的腐女对于耽改剧的审美期待也比较清楚了,即遵守耽美动漫、小说的核心原则:美男子、美型、美好恋情。

耽美剧在沉寂一段时间后,以全新的更为商业化的面貌卷土重来。2018年改编自晋江文学城实力作者Priest《镇魂》的

---

① 王明亚. 耽美网剧势盛原因及制作旨趣的演进[J]. 视听,2016(8):55-56.

同名网剧在优酷上映。《镇魂》开播三周后,微博"#剧版镇魂#"超级话题阅读量冲上30亿次,播放量高达27亿次。之后,《镇魂》输出至韩国,也掀起了一股热潮。

2019年,改编自《魔道祖师》的网络剧《陈情令》的制作和播出过程更具有戏剧性。《魔道祖师》在晋江文学城霸王票榜长期占据第一位置,也就是说,在耽美爱好者心中,其占据不可替代的位置。由于担心耽改剧糟蹋她们心爱的作品,原著爱好者在微博、豆瓣等平台刷恶评并联名拒绝观看。《陈情令》豆瓣评分从开播之初的4.8分到播出结束时上扬至8.2分,评分人数64万人。《陈情令》最终登顶2019网剧排行榜第一,并向海外输出到韩国、泰国及东南亚其他国家。在韩国播放期间每日都上韩网热搜,日本电视台也购买了版权,《陈情令》甚至入驻了Netflix平台。尽管《陈情令》配角选角被批不甚用心,主演演技也被质疑,剧情节奏更是远不及原著,但原著IP的受众基数、国风服装和道具、音乐创作团队、编剧制作人和导演使这部耽改剧获得了成功。

更值得注意的是,腾讯视频以粉丝运营的逻辑打造了《陈情令》的全产业链运营模式。伴随着正剧VIP购买、OST音乐数字专辑、线下粉丝见面会、超前点播及剧播完之后的演唱会巡演、花絮持续推出,在天猫开设《陈情令》官方旗舰店推出多种周边衍生产品,包括手账日记本、角色同款毛绒娃娃、角色同款便笺纸、晴雨伞、联名海盐巧克力饼干、限定徽章、护手霜……其中双男主魏无羡、蓝忘机的同款娃娃仅仅3天就达到100万元销售额,所有围绕《陈情令》推出的周边衍生同人商品的销售额超过500万元;《陈情令》OST音乐数字专辑在QQ音乐平台卖出了1 500万元销售额;与Dior联名的口红36分钟全网售罄;超前点播收入7 800万元。很难想象一部算不上大众圈层爆款的耽改网剧《陈情令》仅在消费者那里就获得了巨额收益。

耽改剧的运营路径主要有这样几个方面：第一，购买耽美大神及头部优质耽美 IP 的全版权，在获得故事和粉丝双重保证的前提下，对 IP 做多样化开发。第二，大投入、精制作，以"完美"质量吸引品位不俗的"腐女"群体，以此为基础，"出圈"吸引更广大的受众。第三，将"男男爱"改为兄弟之情、师生之谊、战友（事业伙伴）之情等，大玩暧昧情愫，使耽改剧成为一个充满了开放性的可写文本，腐者观之大呼过瘾，非腐者看之觉得是"养眼"的普通网剧。第四，深度开发 IP，除耽改剧外，耽美漫画、耽美动画、耽美广播剧、耽美音乐及影视剧的周边衍生产品同步开发，从而将耽美彻底推上市场化、商品化之路。然而，这从某种意义上也就将耽美推上了一条不归之路，越滑向纯粹的娱乐化和狂欢化，离耽美本真就越远。"耽美""腐女""基友"成为商业噱头，所谓"卖腐"，可谓一针见血。

> 将"男男爱"改为兄弟之情、师生之谊、战友（事业伙伴）之情等。

商业符号生产与耽美本真的剥离

盛大文学 CEO、湖南广播电视总台顾问侯小强接受采访时曾说，"'女性向小说'成爆款，耽美是现在的主流文化"，"耽美网络剧改编自小说等知名耽美 IP 也是迎合时代情绪的一种需要"。然而，当曾经处于社会边缘地位的耽美文化被不断商业化和市场化，并逐渐进入大众流行文化范畴时，作为亚文化的耽美是否还有其独特的文化特征和精神内核？其中蕴含的对传统男性中心主义社会的不满和对性别多元主义与非物质爱情观及恋爱、婚姻、家庭中男女两性平等价值观等的期待和努力是否会被商业主义消解？换言之，时至今日，耽美作品在商业化大潮中，是否完全沦为泛娱乐化文化产品？创作、阅读、观看和传播等文化实践行为是否成为一次又一次的娱乐至死的狂欢？这是商业化和消费主义时代留给耽美爱好者的问题。

让我们回顾 2015 年 8 月 9 日耽改剧《逆袭之爱上情敌》上线播出时耽美爱好者两极分化的情景——喜欢的人非常喜欢，为耽美能公开上荧屏而欢呼雀跃；讨厌的人非常讨厌，创造了"耽丑"一词讽刺剧中男主角和痴迷于该剧的观众。我们都知道，耽美小说讲究"耽于美色"，除了极个别耽美作者的个性化设定外，一般来说耽美对男男 CP 的颜值有着极高要求。"耽丑"则是"耽美"的反义，是"颜控"腐女对耽美剧中角色扮演者颜值不满的表达，《逆袭之爱上情敌》更是被讽刺为"耽丑鼻祖""耽丑 1.0"。豆瓣评论区这样的不满表述比比皆是：

> "耽丑"则是"耽美"的反义，是"颜控"腐女对耽美剧中角色扮演者颜值不满的表达。

  我们到底做错了什么……简直是污染大众的眼睛。
  完全想不通为什么他们会有粉，会真心实意地觉得他们好看，是有多不挑……
  谁能告诉我这剧选演员的标准到底是啥？
  长得丑还卖腐的简直是耍流氓！
——豆瓣小组《逆袭》图贴的评论
（略有改动）

随着耽美向影视剧的增多，"腐女"观众们对于耽美剧的要求也越来越高。但除了少数作品的整体评价不错外，大多数耽美剧都被诟以"耽丑剧"称号。耽美本质上是女性的幻想，但在影视创作者们看来，耽美是拥有庞大粉丝群体、具有吸金和吸睛双重属性的一种亚文化符号，他们很难设身处地理解耽美爱好者与耽美文化之间的关系，一旦把握不好，就偏向于消费男性色相，从而引发社会各界的不满。耽美向网络电影《韩子高》的风评很差，不仅耽美的两大核心要素——美和美的感情关系荡然无存，制作也达不到国产网络影视剧的平均水准，堪称粗制滥造。耽美爱好者对此非常不满。

> 看得尴尬癌都犯了，耽美绝不是小受女性化。
>
> 难道喜欢男人就一定会变得跟女的一样……恶搞剧还能笑笑，但你这是正剧吧？！
>
> 对受方的弱化简直就是对同性关系的恶意丑化。这年头不是你沾了耽美就能火。这是对耽美到底有怎样的偏见？！
>
> 直男癌导演就不要来拍耽美。对腐女多大仇多大怨？想圈钱？？
>
> ——网友评论
>
> （略有改动）

《韩子高》编剧"花貂九"和"酥脆饼干"皆为晋江文学城的金牌写手，都写过耽美小说，很难想象这样两位熟悉耽美的人会编出这样的剧本。大有可能是因为剧组具有话语权的导演和投资方不懂耽美文化，不会拍耽美剧，不懂腐女"萌点"，却又想赚腐女们的钱。《韩子高》以耽美之名，既可以获得耽美爱好者、原著粉丝的注意力，又可以借耽美在社交媒体中蹭热度、挣流量。在商业主义的影响下，这样背离耽美本真的符号生产已经成为影视行业的经典套路。正如很多耽美爱好者所坚持的那样，"耽美的真谛不在于耽，而在于美"，但影视创作者和资方往往只看到了"耽"，认为只要是两个男人间的暧昧就会有"腐女"观众买账。几年前，耽美剧的"成功"标准或许只是能冲破层层阻挠上线播出，而当下，耽改剧盛行，供过于求时，腐女们会越来越有选择地"耽"。高颜值和平等独立的同性关系才是耽美爱好者乐于去"耽"的"美"，而"男男CP"已经不足以完全代表耽美亚文化符号。影视创作者们需

> 高颜值和平等独立的同性关系才是耽美爱好者乐于去"耽"的"美"，而"男男CP"已经不足以完全代表耽美亚文化符号。

要进一步挖掘耽美的核心和本真，真正抓住耽美爱好者的兴趣点和审美倾向。

被绑架的创作：版权纷争的驱动力

在耽美作品IP热潮袭来之后，版权纷争便屡见不鲜，尤其是很多热门IP剧开播之后热度激增，伴随着观众对故事、人物和演员讨论的往往是对原著抄袭风波的争议。这不是耽美小说所特有的问题，热门的网络文学都面临同样的难题，只不过这在耽美小说全版权化过程中表现得更为明显。一方面，耽美作品IP更受投资方青睐。据晋江文学城作品库存统计，截至2020年5月，成功进行游戏、影视、动漫等版权改编的作品有831部，其中改编签约的耽美类作品有296部。① 另一方面，耽美作品头部IP数量毕竟不多，且大部分是业余写手的作品。因为题材特殊性，受制于出版、影视等方面的审查制度，作者个人很难使原创作品得到版权保护。还有，虽然付费阅读、付费观看已超过十年，但网络上耽美作品被盗版转载、下载还是防不胜防。这不仅妨碍了耽美作品的商业化程度，也绑架了耽美作品的创作。

没有结果的版权纷争

2015年，改编自Fresh果果同名小说的玄幻仙侠剧《花千骨》播出，在开播首日便创下全网1.18%的收视率，播出期间一直稳居收视榜榜首。随着剧集热播，女主角花千骨（赵丽颖饰演）的经典台词"我已控制不住体内的洪荒之力"中的

---

① 邓楠楠，韩敏."出圈"的耽美：国内耽美文化发展概述[J]. 重庆科技学院学报（社会科学版），2021（1）：94-98, 120.

"洪荒之力"迅速发展成网络热词,连中国奥运选手傅园慧在接受采访时都用上"我已经用了洪荒之力"来形容自己的比赛状态。2017年,改编自唐七公子同名小说的古装玄幻剧《三生三世十里桃花》播出,流量一路飙升,从开播到收官,全网播放量达到295亿次,超过《花千骨》。继《花千骨》的"洪荒之力"后,在《三生三世十里桃花》中反复出现的"四海八荒"也由热剧台词发展为网络流行语,类似"一起床四海八荒都下雪了"这样的"四海八荒体"红极一时。正如网友评论的那样:"现在随便发点什么都得带上'四海八荒'几个字,不然就不 fashion 了。"

  从"洪荒之力"到"四海八荒",这些网络热词的出现都源于一部 IP 剧的热播。《花千骨》和《三生三世十里桃花》这两部电视剧有很多相同之处:同样是古装玄幻题材,同样有出色的收视成绩,同样有强大的造词能力,最后随着剧集热播同样被翻出原著涉嫌抄袭的黑历史,同样因为"言情抄耽美"的问题引发耽美粉丝的强烈不满。正当《花千骨》热播之际,有网友爆出《花千骨》原著小说涉嫌抄袭多部作品,包括台湾布袋戏剧集《霹雳布袋戏》、楚惜刀小说《魅生》、牛语者小说《仙剑神曲》及眉如黛小说《花开不记年》等,并贴出了图文对比。其中,2008 年 12 月 31 日首发的《花千骨》原著小说与耽美小说作者眉如黛 2007 年的作品《花开不记年》不仅有很多句段相似度很高,主要角色的名称也很相像(《花千骨》女主角名叫花千骨,《花开不记年》男主角名叫花千绝)。两部作品对比如表 7-1 所示:

表 7-1　《花千骨》《花开不记年》相关段落对比表

《花千骨》相关段落	《花开不记年》相关段落
花千骨不知道，这样一个人，竟然也是会笑的。那爱怜地望着自己的眸子突然变得烁亮无比，像是亘古长明的星辰，像是朝花夕拾陨日，像是盛大华丽的烟火，像是开到荼蘼的花盏，绚烂得让她义无反顾地栽落进去。 　　（Fresh果果《花千骨》第12章，2008年12月31日）	他笑了一会，眸子突然亮了起来，像是将要陨落的夕阳，像是快要幻灭的火焰，像是开到荼蘼的花盏，绚烂得让人别不开眼去，他仰头看着男子，一字一字重复笑道："我等你啊……" 　　（眉如黛《花开不记年》第83章，2007年）
心中的一切紧张不安被抚平，这样温柔而又慈悲的笑容直直打在人心中最柔软的角落里，时空幻灭，一切都成了空白。如滚滚惊雷，如骇浪惊涛，映衬在漫天飞舞的桃花雨里，缠绕成她一生一世的劫难。 　　（Fresh果果《花千骨》第12章，2008年）	花记年似乎有些犹豫地看着他，那样慈悲的笑容，直直打在人心中最柔软的角落，他几乎就想答应了，可就在这时，他想起了另一个人的笑容，没有温柔，却像滚滚惊雷，没有旖旎，却像骇浪惊涛，漫天迷醉颜色里的嗜血微笑，缠绕成他几生几世的劫难。 　　（眉如黛《花开不记年》第43章，2007年）
躺在水里，轻纱薄幔间，角落里魏貔金熏炉中满载檀香，催人入梦。花千骨舒服得迷迷糊糊忍不住睡了过去。 　　（Fresh果果《花千骨》第12章，2008年）	女子房中魏貔金熏炉中满载檀香，催人入梦。花千绝打量几番轩窗竹影，听耳边佳人浅眠吐气如兰，那脸上的倦意更加剔透肌理，凤目轻合，侧膝而卧，静卧数更，就此坠入梦中。 　　（眉如黛《花开不记年》引子，2007年）
眉梢眼角浮动的，是一抹若隐若现、久历血雨腥风的淡然和冷厉。 　　不衫不履，如独树出林，指点江山，俯视风云。 　　（Fresh果果《花千骨》第54章，2008年）	只是用那样点漆一样的黑白分明的眼眸从左到右看了一眼，便让人生出了惊才绝艳的慨叹。不衫不履，如独树出林，俯视风云。 　　（眉如黛《花开不记年》第42章，2007年）

　　微博ID"@s小姐_节食ing"也将百度贴吧中《花千骨》

读者整理的"花千骨超虐心唯美 25 个金句"与耽美小说《花开不记年》的相应句段进行了对比,并将雷同句段对比结果发布在微博上,认为"眉如黛大大,你简直是果果的好词好句摘抄本",对耽美作品被抄袭强烈不满。

网友们对此看法不一,有人觉得只是个别词句雷同,不算抄袭。

  描述相同事物用了相似词汇不足为奇。只要不是情节上的抄袭,这些顶多算借鉴。

  现在网上小说那么多,作者构思有类似的地方很正常啊。如果这算抄袭,那广大的中学生们写的作文没几篇原创了。

——微博评论
(略有改动)

而耽美读者对此的反应非常激烈。她们认为耽美圈是小众圈子,影响有限,所以很多抄袭者觉得抄耽美作品风险很低就肆无忌惮。然而法律维权困难重重。耽美作者难以维权,读者们就自发做"调色盘"、贴对比图等,以发动舆论的方法维护耽美圈的利益,同时在网络上发声谴责抄袭行为,反驳路人评论。

  就知道有"为什么原著不火的说法",那告诉你们,因为耽美受限制,因为写耽美的好作家好作品太多、经典太多,耽美文圈子那么大,好文那么多,我们看到了也是自己放在心里,而不是抄袭还翻拍,明眼看就是欺负人。

  耽美无人权啊。

> 耽美就活该被抄袭吗?
>
> 这里其实大部分是常见组合,但是词语的前后排列完全一样,那抄袭妥妥的。尤其那个"缠绕成劫难"我也会写,也不是什么大事,但是用词造句的结构和原作完全一样,抄袭无疑。
>
> ——微博评论
> (略有改动)

根据网上贴出的对比图,中国文字著作权协会常务副总干事张洪波认为,图片显示的《花千骨》原著小说中的那些内容,涉嫌构成通常意义上所说的"抄袭","它的一些语言、段落与其他小说都相同或者相似,有的是改了个别字句"。尽管有专业人士发言,事件似乎已经定性,一切也都明朗起来,但就像很多版权纷争一样,网络舆论骂战随着时间流逝会很快淡出人们的视线。《花千骨》电视剧完美收官之后,没有了热度和话题,《花千骨》的抄袭风波也就不了了之了。

同样如此的还有《三生三世十里桃花》的抄袭争议。在耽美圈内,早就公认唐七公子的小说《三生三世十里桃花》抄袭大风刮过的作品《桃花债》。2007年,耽美大神作者大风刮过完结《桃花债》。2008年5月唐七公子动笔《三生三世十里桃花》。起初,唐七公子因和大风刮过文风相似且撞梗,甚至被以为是大风刮过的小号。大风刮过澄清后,唐七公子被指抄袭。这起事件纠缠多年未有结果,后来唐七公子凭借《三生三世十里桃花》成名,有了自己的粉丝,继续写作。2015年,《三生三世十里桃花》宣布影视化,两人在微博上又就抄袭风波发声,引发了粉丝的骂战,于是唐七公子抄袭门成为热门话题。2017年电视剧《三生三世十里桃花》开播,相关话题再度被双方粉丝炒出热度。2017年8月9日,唐七公子发表声明,并公开著作权鉴定书及相关鉴定文件,否认抄袭。这场持续了近十年的抄袭风波似乎自此有了定论,但是有网友指出,这份鉴定书是鉴定意见书而不是司法鉴定书,唐七公子出示的律师意见书和所谓鉴定团队出的结果,一不是法院指定的鉴定机构,二没有经过当事人双方质证,根本没有证据效力,最多算是当事人一方提供的材料。因此,这场抄袭还是借鉴的风波只是看起来告一段落,仍然没有真正的结果。

耽美维权路漫漫

耽美IP时代,著作权等于高额的IP签约金,因此著作权问题成为创作者们最为重视的问题。不过,利用法律为耽美作品维权困难重重。一方面,现在网络的剽窃手段早已不是对某一部作品简简单单地进行复制和粘贴,很多侵权作品都是将几十甚至上百部不同领域的作品打散拼凑出来的,从A抄人物,从B抄情节,从C抄设定……这种堪称"集众人之智、采众家之长"式的高级剽窃手段为抄袭的举证和判定带来了极大困难。发掘郭敬明的长江文艺出版社副社长黎波在接受《Vista看天下》的采访时曾说:"知识产权的官司特别是侵权的,很难打赢,你告剽窃,除非他直接抄你的,否则你根本就没有办法。"① 另一方面,抄袭举证困难,诉讼周期长、投入大是一个更为现实的原因,这对耽美这样小众题材作者影响更大。从现有侵权纠纷案例来看,相当多涉嫌抄袭的作者都已成名并获利,依靠剽窃获得金钱的同时拥有庞大的粉丝基础,而原著作者往往没有那么大的名气和影响力,经济水平也相对一般。采取法律维权的时间及金钱压力使得本就处于弱势的原作者们望

<small>采取法律维权的时间及金钱压力使得本就处于弱势的原作者们望而却步。</small>

---

① 搜狐网. 在IP改编中抄袭作品的风头为何往往盖过了原著[EB/OL]. (2017-09-30)[2020-12-23]. https://www.sohu.com/a/195784648_814389.

而却步。

对于耽美小说作者来说,是否运用法律手段需要考虑的方面更多。耽美题材本就小众,不符合社会主流价值观,在大众认知中常常被贴上黄暴色情、有悖伦常的标签。在我国,运用法律解决版权纠纷需要著作权人自诉,即被抄袭的原作者本人才能起诉。一旦决定采取法律手段,就意味着要将很多个人信息公之于众,这恰恰违背了很多耽美作者匿名创作的意愿。2014年,微博ID"八卦_我实在是太CJ了"(以下简称CJ)指出编剧李亚玲作品《国色天香》有抄袭耽美作者风弄的小说《不能动》之嫌,并列出详细对比证据,引发了舆论对于李亚玲的声讨,结果被李亚玲起诉诽谤,耽美小说《不能动》也被其斥为色情小说。但是,原作者风弄无意起诉,而CJ不是著作权人无权起诉,最后李亚玲不仅获得赔偿和道歉,还在微博上公布了CJ本人的姓名、住址等个人信息。分析这场风波,其实风弄的行为可以理解,毕竟社会有色眼光和舆论巨大压力是加于耽美作者身上不可挣脱的枷锁。

国内著作权维护的整体情况不佳,再加上耽美题材本身的特殊性,使得很多耽美小说作者和读者更普遍地依靠粉丝的自发监督和文学网站的举报机制来维护耽美小说的权益。粉丝自发监督,通过"调色盘"对原著和抄袭之作进行比对举例,这一行为本身就带有极强的自主性,没有一个统一的标准。固然有很多"调色盘"条理分明、真实可信,但也有一些是有问题的、不严谨的,甚至不乏一些粉丝"为黑而黑",制作出有偏向甚至捏造的"调色盘"来操纵舆论。2017年年初,言情作者墨舞碧歌和耽美作者酆子息的抄袭纠纷经历了"揭露抄袭—质疑碰瓷—站队攻击—反转道歉"几个过程。这一事件误导许多人为酆子息站队、抱不平并攻击墨舞碧歌的原因就是第一版不严谨的"调色盘"和"反调色盘"。① 直到后续有更多的"调色盘"和"反调色盘"补充进来，一次又一次基于事实进行分析和讨论才使得事件逐步明朗起来。自发监督中粉丝各有立场、认定标准不一。一有抄袭纠纷就容易引起网络骂战和跟风站队。这成为包括耽美在内的网络文学维权中的乱象之一。

通过文学网站的举报机制进行监督和裁决，前提是文学网站必须中立、公正。但在实际操作过程中，文学网站能否做到这一点仍然存疑。毕竟现在多数文学网站以营利为目的，中国影视圈又正处于争抢 IP 的阶段，一部已经成名的、拥有众多粉丝基础的网络小说的影视版权轻轻松松就能卖到几百万甚至上千万元，纵使涉嫌抄袭，在巨大的经济利益面前文学网站难免有所偏袒。2013 年 2 月，潇湘书院大神级作者秦简的作品《庶女有毒》被爆抄袭。同年 8 月潇湘书院发布了公告，称其"确有借鉴行为"，要求秦简删除借鉴部分语言描述，对作品进行整改。然而公告发布之后，秦简只字未改，小说不仅没被锁文，还仍然享有最好的推荐，小说的影视版权也顺利卖出，潇湘书院甚至在之后还对公开反对秦简的几位站内作者以破坏网站声誉为由进行了处罚。2016 年年底，长佩文学论坛作者李柘榴的耽美小说《模仿者》和晋江文学城作者陈灯的耽美小说《权宦》均被爆抄袭，并有大量翔实证据，然而对于这两起同时爆出且证据充分的抄袭事件，长佩文学论坛和晋江文学城的处理态度和力度截然不同。2016 年 8 月耽美作者李柘榴在长佩文学论坛发表的科幻耽美小说《模仿者》完结，并授权制作个人志销售。这篇小说新奇宏大的科幻背景和设定吸引了很多读者，在耽美小说中比较新鲜独特，因而也被圈内很多扫文号

---

① 知乎. 如何看待这次墨舞碧歌指责鄢子息融梗事件？[EB/OL]. (2017-02-07)[2020-12-23]. https://www.zhihu.com/question/55357578.

评论推荐。同年年底,《模仿者》被指抄袭(被指抄袭作品包括电影、动漫及小说),尤其是文中最出彩的科幻设定部分,与科幻作家江波的多篇小说(这些小说均收录于江波小说集《湿婆之舞》中)重合度相当高。2017年1月6日,长佩文学论坛经过梳理鉴定,判定《模仿者》一文抄袭,予以删文处理并封禁作者ID。同样是在2016年年底,晋江文学城著名耽美作者陈灯的作品《权宦》,被指利用写文软件抓取文库中的词句进行写作,有抄袭之嫌。晋江文学城第一次判定为借鉴过度。圈内对此争议很大,又对《权宦》进行了多次举报,仍没有满意的结果。① 直到2017年1月15日有网友再次举报并补充"调色盘",1月19日晋江文学城才将其判定为抄袭并进行锁文处理。

  同样是证据充分的抄袭事件,同样是颇受好评的作品,存在不同的处理态度和力度的根源在于平台的性质不同。长佩文学论坛,被圈内人称为"青花鱼",是一个小众非商业的文学论坛,与作者并无经济利益关系。晋江文学城则是商业性的文学网站,以营利为目的,与作者处于同一个利益圈内。长佩文学论坛果断处理是因为它本来就不能因为《模仿者》获得经济利益,删文和封禁抄袭者的ID,表明论坛尊重原创、抵制抄袭之初心,只会提升论坛在圈内的口碑;晋江文学城的"心慈手软"则是因为《权宦》这部作品的流量和热度都非常高,能给网站带来收益,未来也说不定会被影视创作者看中而购买IP,因此一旦判定成抄袭,在某种意义上就是自断财路,所以晋江文学城最初有包庇抄袭倾向。在当前利益至上的形势下,文学网站对抄袭者和抄袭行为的纵容,以及判定裁决时的偏

---

① 晋江文学城. 作者陈灯的文章《权宦》涉嫌"文章大面积雷同"抄袭[EB/OL].(2017-01-15)[2020-12-23]. www.jjwxc.net/impeach.php?act=impeachinfo & impeachid=4003.

袒、包庇，也使得维权之路充满坎坷。

耽美维权尽管难度大，但在社会整体都重视版权保护的大环境下还是能够看到希望的。2016年年末，《锦绣未央》因涉嫌抄袭被11位作者联合起诉，在网络文学圈子中再度掀起波澜，成为原创作者和网文读者们共同瞩目的焦点。在这11位联合维权的作者中，有两位是耽美小说作者，使得这起维权案件有了更为特殊的意义——这应该是国内耽美作品作者第一次正式运用法律进行维权的案例。耽美维权之路虽然漫长，但总有人已经看到曙光。

被绑架的创作

马克思在《资本论》中引用英国评论家邓宁格发人深省的名言，即"资本家有了百分之五十的利润就会铤而走险，有了百分之百的利润就敢践踏人间一切法律，有了百分之三百的利润就敢冒上绞刑架的危险"。并不只是资本家、投资者、网络平台如此，大多数人在利益面前其实都不可能绝对坚定。在IP时代，热门IP就意味着高额的经济利益，创作行为开始被商业和资本绑架。

为了写出热门IP小说，抄袭成了一些人投机取巧、谋求利益的捷径。正如前文所述，法律维权是最有效的手段，但当下盛行的"集众人之智、采众家之长"式的高级剽窃手段为抄袭的举证和判定带来极大困难，而法律维权需要投入大量的时间、精力和金钱，且投入并不一定能获得理想结果。除了法律维权之外，创作者还可以利用文学网站的举报机制维权，但文学网站以营利为目的，难以抵制IP所带来的诱惑，从而未必能公平裁决。最后，耽美爱好者/粉丝自发费时费力费心整理"调色盘"和对比图，以此来维权，不过在大多数情况下，由于缺乏统一标准，且立场左右行为，这些"调色盘"和对比图往往不能被采信。而粉丝的愤怒、网络的骂战，总会随着热度褪去而不了了之。因此，抄袭可以说是风险很低了，抄得小心一点，从A抄人物，从B抄情节，从C抄设定，"博采众长"出一部热门IP也不是没有可能。退一步讲，即使抄袭被发现了，又能怎么样？影视创作者只会被有热度和流量的作品吸引。作品有了粉丝基础和名气，抄袭争议也只是争议，文学网站自己的监督机制都要为利益让路。这样一来，版权纷争很难得到公正的处理，只会随着IP热度上升不断被提起，成为新一轮流量炒作的资源，而被抄袭者及其粉丝所希望的答案迟迟不能到来。

创作被商业和资本绑架除了刺激一些人谋求捷径、东拼西凑外，还使得题材创作受到限制。既然有了IP变现的可能，每位原创作者都希望自己的作品能够被选中。以晋江文学城为例，搜索纯爱（耽美小说）类型可以发现，一年内发布的作品超过6万部，纯爱小说的总储量达50万部以上。想要在储量如此丰富的耽美IP中脱颖而出，就要迎合影视创作者和市场的口味，创作自由则必然受限。晋江论坛上有这样一个咨询帖"古耽数据怎么样？进来妹子本本金榜！楼主很迷茫……"。发帖的是一个耽美创作者，她想要签约赚稿费但不确定自己构思的修仙古耽题材能否获得好数据，于是就发帖了解一下古耽频道的情况。很多没有红起来的作者在写作时都非常注意市场倾向，需要根据榜单数据来确定或调整自己的创作题材。而晋江文学城现耽（现代耽美）频道比古耽（古代耽美）频道红火得多，这就导致作者向现耽倾斜，古耽频道则越来越冷。同样印证现耽比古耽更受市场青睐的还有2016年耽美IP影视化情况。在2016年播出的十余部耽美影视剧中，只有一部《识汝不识丁》是古代耽美题材，其他全部都是现代耽美题材。文学网站和影视剧市场给创作者的反馈都是这样，这就使得一般的

> 创作行为就此被商业和市场绑架,不再是纯粹、自由的个人选择。

创作者不能自由地创作,因为他们粉丝基础薄弱,如果不迎合市场的口味来写作会加大上榜的难度,影响自己的收益。创作行为就此被商业和市场绑架,不再是纯粹、自由的个人选择。

主要参考文献

1. 伊恩·布鲁玛. 日本文化中的性角色 [M]. 张晓凌, 季南, 译. 北京: 光明日报出版社, 1989.

2. 埃里克·H. 埃里克森. 同一性: 青少年与危机 [M]. 孙名之, 译. 杭州: 浙江教育出版社, 1998.

3. 迪克·赫伯迪格. 亚文化: 风格的意义 [M]. 陆道夫, 胡疆锋, 译. 北京: 北京大学出版社, 2009.

4. 欧文·戈夫曼. 日常生活中的自我呈现 [M]. 黄爱华, 冯钢, 译. 杭州: 浙江人民出版社, 1989.

5. 朱迪斯·巴特勒. 性别麻烦: 女性主义与身份的颠覆 [M]. 宋素凤, 译. 上海: 上海三联书店, 2009.

6. 亨利·詹金斯. 融合文化: 新媒体和旧媒体的冲突地带 [M]. 杜永明, 译. 北京: 商务印书馆, 2012.

7. 亨利·詹金斯. 文本盗猎者: 电视粉丝与参与式文化 [M]. 郑熙青, 译. 北京: 北京大学出版社, 2016.

8. 沟口彰子. BL进化论: 男子爱可以改变世界 [M]. 黄大旺, 译. 台北: 台北麦田出版, 2016.

9. 堀五朗. BL新日本史 [M]. 呼和浩特: 内蒙古人民出版社, 2007.

10. 杨伟. 少女漫画·女作家·日本人 [M]. 银川: 宁夏人民出版社, 2005.

11. 姜文清. 东方古典美: 中日传统审美意识比较 [M].

北京：中国社会科学出版社，2002.

12. 王铮. 同人的世界：对一种网络小众文化的研究[M]. 北京：新华出版社，2008.

13. 赵澧，徐京安. 唯美主义[M]. 北京：中国人民大学出版社，1988.

14. 张嫱. 粉丝力量大[M]. 北京：中国人民大学出版社，2010.

15. 陶东风. 粉丝文化读本[M]. 北京：北京大学出版社，2009.

16. Gelder,Ken. *The Subcultures Reader*[M]. London and New York:Roultedge,1997.

附录一　部分访谈者资料

	访谈者	性别	年龄/岁	地区	受教育程度	职业
1	军军	女	22	安徽	本科	待业
2	健壮	女	24	郑州	本科	普通白领
3	丸子	女	19	安徽	本科	学生
4	Z同学	女	23	安徽	本科	待业
5	西川	男	23	湖南	本科	公司职员
6	Q	女	28	南京	研究生	公司职员
7	糖年糕	女	33	上海	研究生	编辑
8	小金	女	23	上海	本科	学生
9	小寒	女	24	上海	本科	公司职员
10	吕同学	女	25	上海	研究生	学生
11	番茄子	女	23	江苏	研究生	学生
12	Echo	女	26	北京	研究生	公司职员
13	王编辑	女	24	上海	本科	公司职员
14	虞同学	男	28	上海	研究生	设计师
15	受访者A	女	25	苏州	本科	学生
16	受访者B	女	20	苏州	大专	学生
17	受访者C	女	20	苏州	大专	学生
18	受访者D	女	28	南京	本科	公司职员
19	受访者E	女	30	无锡	本科	公司职员
20	受访者F	女	22	苏州	本科	学生

附录二　耽美大事记

1998 年

"迷迷漫画世界"与"桑桑学院"网站合并为新"桑桑学院",网站设置"耽美小岛"专栏。

NAYA 在水木清华 BBS 动漫版发表了 EVA 同人小说《幕后》,该小说被认为是中国大陆第一篇同人小说。

"筱禾"在"男人男孩天堂"(BOY2MAN)连载《北京故事》。该作后来被香港导演关锦鹏改编为电影《蓝宇》。

1999 年

"露西弗俱乐部"成为中国大陆第一个专门的耽美文学网站。

国内第一本耽美月刊《耽美季节》出版。

国内第一部耽美同人文——Sunsun《世纪末,最后的流星雨》在网上流行。

2001 年

"柠檬火焰"的《束缚》开始连载,是耽美"虐"元素的开端。

2002 年

"福建晋江电信局网络信息港"改为"晋江文学城"板块，是今日"晋江文学城"的前身。

"起点中文网"开始试运行。

2003 年

"纵横道"论坛成立，其以武侠及历史向同人作品的创作为主。

2005 年

"随缘居"建立，成为欧美影视同人作品的主阵地。

百度"BL 小说吧"诞生。

真人向 CP 耽美 MV 面世。

2006 年

"匪我存思"小说《佳期如梦》开启"高干文"风。

"天籁纸鸢"小说《花容天下》是"男男生子文"的开端。

2007 年

Zhttty 创作的《无限恐怖》是"无限流"的开端。

中国首个实体同人展 COMICUP 在上海举行。

2008 年

"AO3 同人网站"内测。

"桔子树"在"晋江文学城"连载《麒麟》。

"纵横中文网"上线。

自助式同人志搜索引擎"天窗联盟"成立，成为同人本作品信息的集散地。

2009 年

"蝶之灵"首创耽美"网游文"《给我一碗小米粥》。
豆瓣"同志文学"小组建立。
Bilibili（简称 B 站）成立，成为国内二次元文化的主要聚集地。

2010 年

"长佩文学网"成立，是一个面向女性网文读者的耽美向文学论坛。

2011 年

"非天夜翔"连载耽美"盗墓文"《灵魂深处闹革命》，同年创作的《二零一三》是耽美"末世文"的开端。
网易 LOFTER 诞生，成为同人创作者的主阵地。
"犹大的烟"推出小说《机甲契约奴隶》，该小说是"机甲文"的开端。

2012 年

《河南日报》发文称一些耽美文学网涉黄。
"楚寒衣青"连载小说《沉舟》。

2013 年

"来自远方"连载小说《谨言》，耽美"穿越文"开始盛行。
"old 先"创作的耽美漫画《19 天》连载，标志国内耽美漫画的成型。

"准上"连载《银河帝国之刃》。

2014 年

《类似爱情》上映，是中国大陆第一部正式上映的耽美剧。

"打黄打非·净网 2014"专项行动通报"晋江文学城"作者"长着翅膀的大灰狼"一案。

2015 年

《电视剧内容制作通则》颁布，将同性恋和性变态等同。

2016 年

"柴鸡蛋"同名小说耽改剧《上瘾》首播，成为中国大陆第一部破圈的现象级耽改剧。因广电总局颁发的《电视剧内容制作通则》禁止同性恋元素，同年《上瘾》下架。

改编自"瓶子"同名漫画作品的《灵契》上映，是国内第一部耽美动画。

"剑网 2016"专项行动中，百度贴吧和"晋江文学城"成为整顿对象。

古风类耽改剧《识汝不识丁》开播。

2017 年

"深海先生"非法经营获罪，引发耽美文学作品出版相关问题的讨论。

2018 年

Priest 同名小说《镇魂》被改编成电视剧上映。

"墨香铜臭"同名小说《魔道祖师》动漫在腾讯视频独家网络发布。

耽美作者"天一"制作和传播淫秽物品获刑。

2019 年

根据耽美小说《魔道祖师》改编的电视剧《陈情令》开播，毁誉参半。

《陈情令》南京演唱会，开辟耽改剧线下营销新模式。

"剑网 2019"专项行动规范网络文学生态。

2020 年

AO3、LOFTER 国内关停。

根据"水如天儿"同名耽美小说改编的网剧《鬓边不是海棠红》开播。

根据"墨香铜臭"同名耽美小说《天官赐福》改编的动漫作品在 B 站开播。

2021 年

根据 Priest 耽美小说《天涯客》改编的网剧《山河令》播出。

《山河令》热播后，CP 超话"浪浪钉"排名迅速提升；耽改剧《山河令》在韩国上映。

《陈情令》手游上线。

后 记

在耽改剧《山河令》首播结束的当天,我终于写完了这部书稿。之所以说"终于",是因为一方面迫于出版社责编变着花样的数度催稿,另一方面缘于几年来拾起又放下的写作折磨。敲完最后一行字,便有了可以自由呼吸般的短暂快感。

如果时光倒流,便可发现我与耽美"相爱相杀"的清晰轨迹。《上海文化》2012年第6期刊发了我有关耽美的第一篇论文《她们的世界:幻想主题修辞批评视野下对同人女群体的解读》,合作者陆国静是我2011届的硕士研究生,彼时她已经毕业离校,但正是因为写作这篇论文,我在2010年第一次接触到耽美,国静更是由此出发完成了自己的硕士论文《耽美文化及同人女群体研究:一个基于网络的亚文化图谱》。同一时间段里,我2009年入学的硕士研究生邱天娇向我"安利"了更多耽美知识。她初中时接触耽美,不久开始写作,属于"骨灰级"同人文写手。在她们的启蒙下,我从阅读免费耽美小说,欣赏耽美漫画,发展到付费成为会员,涉猎更多类型的阅读,更重要的,我从观察学生开始,持续关注耽美群体,包括耽美创作者、耽美爱好者、耽美研究者,比较直观地感受和了解耽美从趣缘群体的小众文化如何经历文学网站商业化和影视IP化发展到今日。我门下的研究生中,直接将耽美文化作为研究对象撰写硕士论文的还有曹冉[《同人粉丝:对一种网络亚文化群体的分析》(2013届)]、赵媛[《耽美同人群体的性别文化研究》（2014届）]。所谓"三人行，必有我师"，这些学生可谓我师，她们给我科普耽美文化，向我推送那些引起圈内关注的作者和作品，讲述耽美圈的许多故事，表达她们的观点和看法，将我带往耽美的"深坑"。我则将阅读感受、写作经验及围绕着新媒介与青年亚文化的诸多思考拿出来与她们分享，共同地、持续地关注耽美文化实践。多年过去了，这些论文的许多观点并没有随着时光流逝而变钝变淡，因而在写作本书时我便吸纳了论文中一些观点、想法和材料。在此，感谢我们师生之间共同创造的那些互帮互学的美好时光，感谢你们让我超越年龄限制，接触到那么多青年亚文化，从而葆有一颗宽容和青春之心。

大概是2014年，在初步完成案头阅读之后，我和学生便展开了多层次的访谈工作。印象最深的莫过于2016年去北京海淀区一座居民楼里的晋江文学城总部访谈iceheart和Yima，并经她们介绍，陆续访谈到了不同性别的耽美作者。这让我较为深入地接触到了耽美文化的创作群和管理者。感谢坦诚相待的两位受访者，也深深感谢为此牵线搭桥的阅文集团杨晨先生和晋江文学城刘旭东先生。耽美爱好者包含了从初中到工作不久的各年龄段的青少年。参与访谈的研究生先后有董璐璐、鲍相志、成恳、周密等。完成访谈任务后，谢洵和董清源两位在读研究生协助我开始写作。不过，写作刚过半，因为其他研究工作又不得不暂时将之束之高阁。2020年，当我重续写作时，曾经参与过相关研究工作的学生都陆续毕业离开学校，新冠疫情下的居家日子，每当写作过程中遭遇认知困难和理解困扰时，在线咨询她们和互动交流自然而然地成为我获取想法的源泉。换言之，学生们依然以各种不同的方式介入我的研究之中，是我的"智囊团"。在此，谨向她们致以最诚挚的谢意，尤其感谢撰写了部分章节初稿的谢洵、董清源、鲍相志同学和后期协助我补访、整理耽美大事记的秦敏杰、井常灿两位研一的同学。当然，闲逛耽美贴吧、浏览知乎耽美问答、潜水耽美豆瓣小组、观察耽美论坛，以参与的方式在耽美圈获取资讯、洞悉动态、收集想法也成为我研究和写作的组成部分，那些被援引精彩观点的网友都是匿名的，我尽可能以最详尽的注释指向这些引用，以表达对她们的谢意。由于写作动念起始于近十年前了，最初收集的网络文章或帖子虽然归档在电脑文件夹中，却有一部分已经消失在茫茫网海中了，因此，校对书稿时，如果因为今天查不到出处，就删去相应内容，那必将留下遗憾，所以，我也尽可能保留下来，以见证耽美文化发展小史上那些值得记录的片段。

本书延续了"新媒介与青年亚文化"丛书第一辑中我对当代青年人亚文化及性别主题的关注。我撰写《COSPLAY 戏剧化的青春》（2012）时，通过"易装"视角探讨了扮演、戏仿、性别模糊和颠覆等一系列文化实践之于年轻人的意义。耽美文化早于 Cosplay 进入国内，拥有更多参与者，也经历更复杂的社会环境和文化生态。2016 年年初网络耽美电视剧《上瘾》播出，旋即上热搜，成为有争议的话题，尚未播完便被要求下架。目睹此过程，深感来自耽美圈自我认同的"耽于美好"与耽美圈外视之为"离经叛道"的差距何止云泥之别。任何一种日常文化都不是提纯的结果，必定会是良莠并存的，耽美作为与主导文化差异明显的亚文化更是如此。常识告诉我们，化解矛盾和误解最好的办法是促进各方的沟通交流，也就是说，在质疑、批评、辱骂、制裁某种文化类型时，可以设法先了解这种文化，次论优劣，再论引导。这便成为我写作本书的初衷，也使 Cosplay 研究初涉的性别问题再次得到聚焦和讨论。

参与丛书写作的同人，既有第一辑就有合作的陈霖教授、曾一果教授、陈一教授、顾亦周博士，也有新加盟的"老伙伴"杜志红教授和杜丹副教授。作为"苏州大学新媒介与青年文化研究中心"团队的核心力量，我们之间的合作远远超越书稿写作而浸入教学工作和学术研究中，由衷地感谢大伙儿给予我的陪伴、温暖和力量。漫长的写作过程，对我们每位作者都是友情、信念、忍耐和毅力的考验。不离不弃终成其果，情重不言谢！感谢助力本书出版的各位编辑老师。最后，要感谢亦女亦友的西伦同学，在我没日没夜赶稿的那段时间成为我最好的思想交流者和生活照顾者。感恩有你！

马中红
2021 年 6 月于独墅湖畔